AQUARIUS

AQUARIUS

AQUARIUS

AQUARIUS

後青春 Restart

後青春，更超越青春。
從心理、健康、照護，到尊嚴的告別，
我們重新啟動一個美好的人生後半場。

你怎麼看待老年，

它就怎麼回應你

劉秀枝醫師◎著

〔國內失智症領域權威・前臺北榮總一般神經內科主任〕

預防失智，快樂的老後實踐

【推薦序】

想要優雅地老化，除了要聽媽媽的話，更要學習劉主任

文◎王署君（臺北榮總神經醫學中心主任・國立陽明交通大學講座教授）

劉主任又出新書了！

劉主任自從退休以後，從一位一號難求的神經科教授及醫師，變成了醫學新知的最佳傳播者，更是暢銷作家。這十四年來，共出了五本書，每本書都是經典，很高興能夠先睹為快。

新書《你怎麼看待老年，它就怎麼回應你》，除了高齡社會的最新醫學研究報導、身邊

親朋好友的經驗分享，還有更多是劉主任親身的生活經驗，或是應該說是生活實踐，讀起來非常有趣、非常實用，也讓人非常佩服。

劉主任告訴我們她從米店小女孩到醫學院的成長歷程，如何在沒有「被期待」下，反而自在、逍遙。她謙稱沒有專長，只會讀書，還有舊社會的男女差別，更讓我看到她的努力。尤其是考到當年第二志願的臺北醫學院，而沒有上臺大。醫學院的資源差別很大，但對她與同學們而言，從他們六十八歲回頭看十八歲時，反而是一種確幸，她與許多同學也都成為醫界的佼佼者；讀起來都是人生的智慧。對照現今的醫學教育對師生緊迫盯人的要求，還真是兩個世界。

劉主任對追求醫學新知的熱情，絲毫沒有因為退休而稍減。星期四下午四點鐘，是臺北榮總神經內科的出院病歷報告，大至主任，小到實習醫學生都會參加。每週會由兩位住院醫師各報告一名出院病例，同時回顧最新的醫學期刊相關研究。這是本院神經內科多年來的傳統，住院醫師都戰戰兢兢地準備，許多退休老師也都會前來聆聽與指導。劉主任幾乎每次都是第一個到，而且也會提出很多寶貴意見。這項兼具臨床服務的會議，更多的是新知傳承與醫學教育。劉主任對於學生的指導不遺餘力，也從不吝於讚美。處在一個動不動就是智慧醫療、遠距醫療與人工智慧的醫療革命時代，劉主任也提醒我們，醫病的本質還是要回歸到互信、誠意、溝通與開放的心胸。

「失智症」仍然是全球最大的健康議題，劉主任在新書中當然也多所著墨。從美國百健藥廠（Biogen）的失智症新藥是否會通過美國食品藥物管理局（FDA）的審核，就造成股票大起大落三十%；相較之下，輝瑞藥廠的新冠肺炎（COVID-19）疫苗獲得美國授權使用，股票漲幅不到十%，就知道失智症的影響有多深遠。在還沒有特效藥的情況下，劉主任提供了我們很多實際例子，作為照顧身邊所愛的人之參考，如關於單一選擇、假牙問題、溫馨的幻覺、可以坐飛機嗎……這些內容都非常實用。

劉主任對於老年的準備是很有心的「超前部署」，怪不得看到她的人都很羨慕她，希望能像她一樣。除了有病立刻治療，即使在防疫期間，她也二話不說，接受腰椎與白內障手術。而她能夠快樂地獨居，最大的本錢就是「好朋友」。好友們幫她度過開刀後的不便，但又不過度干擾她，更與她一同健行、遊山玩水，周遊列國。這種有點黏、又不太黏的好朋友，真的不好找，劉主任真該開班授課，教教大家。好朋友有益健康，所以每個人都要開始儲蓄。富有不再是靠金錢衡量，好朋友可能更重要。結交好朋友，一起與你優雅地邁向老年，你準備好了嗎？

劉主任提到，以前認為只要沒有焦慮、沒有憂鬱、沒有壓力感就很不錯了，但是近期的研究，更著眼於「樂觀與幸福感」對健康的重要。因此，劉主任也提到如何轉念看事情、如何正面思考，我想這樣才是真正的樂觀、有幸福的感覺。比如她提到一位失去味覺的朋友，三個月內看了很多位醫師，才找到病因是「乾燥症」。朋友覺得拖了太久，劉主任卻告訴她，「換個角度想，這段期間，醫師替你排除了身體其他系統的疾病，最後做了正確診斷，而且有效地治療，可真是幸運。」

「身體力行」是多麼不容易的事。我常常告訴病人不要熬夜、喝咖啡要有節制、要養成固定的運動習慣。有時看診，病人見我咖啡不離口，還會提醒我，「醫師，你有照做嗎？」良好的生活習慣說起來簡單，做起來還真不大容易。但是這些好的生活習慣對疾病的預防良效，確確實實有流行病學研究的科學根據，而且都是發表在一流的醫學期刊。不管你是準備退休、或是已經退休的人，想要有健康的老年，一定要學習劉主任「說到做到」。正如她說的，這些也正是大家所講的要聽媽媽的話：「要努力讀書，多運動，要合群，不熬夜，多吃蔬菜，要愛護身體……」

【推薦序】

秀枝不老粉絲團

文◎汪詠黛（臺北市閱讀寫作協會創會理事長）

開門見山不廢話，推薦這本書給「每一位」會慢慢變老的你，以及你的親朋好友。什麼？有人說不想面對「老」這個字？那我更要用力說三遍：如果不看這本「魔法書」，你可就虧大囉！

理由很簡單，秀枝姊以她專業的醫學素養、輕鬆幽默的筆觸，既現身說法寫自己的經驗，也舉出諸多經過當事人同意的案例，告訴我們：老，是不可逆天的事實，但是只要好好看待老年，它就會好好回應你。

至於方法如何，答案當然就在此書中。

秀枝姊在自序裡透露，常有人對她說：「真希望我將來老了，能跟你一樣。」是的，我就是說這話的「秀枝不老粉絲團」成員之一。臺北市閱讀寫作協會的姊妹們肯定也會跳出一大票，舉手搶著「對號入座」：是我，是我啦，我就是粉絲團員之二、之三、之N。因為我們從秀枝姊的筆下，學到許多有關身心健康的智慧，尤其是關於「老」這碼事兒。

她總是很高明地消化各種科學數據和論文，以準確且精簡的白話文、對一字一句高度自我要求且負責任的嚴謹態度，再清楚傳遞深奧的醫學知識與正確常識，而不是那種讓讀者努力看完，卻還是霧煞煞的「權威之言」。（她的寫作動機，請見本書第二百四十七頁〈從寫作開始，人生總要試一回〉。）

秀枝姊深入淺出的醫學專欄廣受歡迎，難怪報章雜誌主編不斷邀請腹有詩書的她撰稿，嘉惠讀者，堪稱「專欄常青樹」。感謝寶瓶出版社，將秀枝姊已發表、未發表的文章編輯出書，我們只要人手一本，就可以將秀枝姊的聰明與智慧帶回家。

說到秀枝姊的聰明與智慧，讓我想透露一段趣事。有一回，我們幾位閱寫協會的同學，在一間咖啡館討論彼此的文章，大夥兒很認真交換意見，卻也不時爆出笑聲，那笑點都是被秀枝姊的機智逗出來的。結束後，大家魚貫出門，我走在最後面，被熟識的女老闆悄悄拉住，問：

「黛媽咪，我真的很好奇，你能不能告訴我那位個頭最小的女士是誰？我看她一定不是普通人，你們那麼喜歡她，EQ高是一定的啦，我猜想她的IQ一定也是超乎一般人的高！『以她這種年紀』，是我看過最聰明、反應最快、最幽默的人……」

她連珠砲似的讚嘆，「一定」、「最」個不停，彷彿秀枝姊真的不是地球人，我也連珠砲似的促狹回應：

「我的想法跟你一樣，懷疑她是外太空派來，以聽診的特異功能到娑婆世界，教化我們這些凡夫俗子耶！她在地球上是失智症權威、醫學院教授、專欄作家，出版好幾本書，致力推廣衛教，做醫病之間的橋梁。她依照自己的規劃，從醫療第一線退下，把診療間留給年輕醫師，不過她退而不休，『以她這種年紀』好像才剛剛開始發揮喔！醫師也會生病，即使自己抽到『癌籤』，但樂觀以對，努力治療。痊癒後，繼續開會、上課、演講、打球、旅行，右手寫作，左手拿文學獎……」

秀枝姊從小至今都保持閱讀和寫作的好習慣，她面對文字虛懷若谷，學習毅力與謙遜態度最是令我佩服。她已是醫學專欄名家，但對於各種文體都抱持好奇心，樂於學習，勇於嘗試，經由「國際崇她社」好友劉家馴推薦，加入臺北市閱讀寫作協會後，不但參與各項課程，認真當學生，更被邀請進入協會理監事義工團隊，全力推廣閱讀、寫作，利己利人，創作不斷。散文詼諧、小說感人，得個文學獎不是難事。

那位老闆聽完我的描述後，忍不住說：「真希望我將來老了，能跟她一樣。」嘿嘿，地表最夯的「秀枝不老粉絲團」立馬新增一位團員！我樂於贈送這位老友二〇二一辛丑年春天出版的《你怎麼看待老年，它就怎麼回應你》新書，當作最佳祝福禮，一起共學怎麼看待老年；我確信，喜歡把好東西分享出去的她，也會廣為推薦這本好書。

花開四季，耕耘心田，歡迎親愛的讀者藉由閱讀，加入「秀枝不老粉絲團」。

【自序】
真希望將來老了，能跟你一樣

以前在醫院工作時，無意中聽到有人說我是個好醫師，就很開心。退休後，跟團旅遊，常聽到初識的中年人說：「真希望我將來老了，能跟你一樣。」雖然覺得自己沒有很老，也很高興。

年輕時，我就對老化議題很感興趣；之後踏入失智症的臨床與研究領域，隨著歲月增長，親身感受了器官老化、功能減退，並歷經頸椎、腰椎和白內障手術。以醫學背景加上個人經驗，很想和讀者們分享我心中的「老」是怎麼回事。

六十八歲的朋友伸出雙手，說手痠痛，在靠近指甲的關節處有點腫脹。我判斷應該是退化性關節炎，可能因年節將近，努力打掃，關節使用過度了。朋友不同意，說：「我以前也打掃，怎麼都不會腫脹呢？」我說：「老了嘛！總有個開始吧。」看她有點慍意，我接著說：「每個人老化的部位不同，從手指開始老化是很幸運的啦。」

要長壽，當然要先老。那麼，我們可以選擇從哪個器官或部位開始，且加以排序嗎？

大腦老化，記憶減退，思緒變慢，當然不是首選；銀髮蒼蒼，可以染成各種顏色，展現創意，即使任其白髮閃閃也是展現自信，所以不是問題；臉上的黑斑和皺紋讓人避之唯恐不及，但去趟醫美診所，微修就可以改善了；白內障造成的視茫茫，可以植入人工水晶體，較不困擾；聽力減退，裝助聽器雖然不方便，但還可接受。頸椎退化造成脖子痠痛，或壓迫神經造成手腳發麻、無力，或是腰椎退化的腰痠背痛，壓迫神經而雙腳疼痛、麻木，雖擔憂，但可以用藥物、復健或手術治療。內臟功能也在不知不覺中退化，如腸胃的消化能力降低、蠕動緩慢，食量減少；腎功能下降，藥物代謝物的排出漸慢；動脈管壁變硬，血壓容易上升等。還有個性僵化，變得固執、嘮叨，甚至憤世嫉俗，既不滿意自己，也讓人不想接近。

如果可以，我希望臉部最後變老，即使彎腰駝背、動作遲緩、忘東忘西，也要做個臉蛋漂亮的老人，讓人家羨慕，「你好年輕，真看不出你的年齡啊。」

但是，年輕的臉蛋配上衰老的身體，這樣搭嗎？選擇，其實沒有想像中的容易。就像到了水果大賣場，迷失在堆積如山的各種水果中，不知從何下手。優柔寡斷如我，想從一堆黃澄澄的橘子中挑出幾個，看著不錯，但拿在手裡卻發現有些斑點，放下，再挑一個，顏色好像偏綠或太軟了，再換一個……如此花費了不少時間與精神。但若是有人或老闆遞來一顆橘子，自己卻可以很篤定地接受，覺得很好。

有時費盡心思下了決定，還是會後悔。例如團體出遊時，買便當吃，其實便當可選擇的菜色不多，大多是排骨、雞腿或炸魚，但看著人家享用的樣子，總覺得別人的便當比較好吃。

幸好，對於老化，我們不用這麼費勁去選擇，大半都是老天事先就替我們決定好了，也就是「基因」。有次，在電梯裡遇見一位年過半百，但臉蛋美麗、光滑且體態輕盈的鄰居，我真心稱讚。她欣然接受，頭輕輕一揚，說：「那要感謝我的媽媽啊！」是啊，那我也要感謝父母給了我長壽基因，因為他們往生時都已高齡九十多歲。還要感謝雙親慢慢地老給我看，讓我知道老與隨之而來的疾病是怎麼回事，心裡有所準備。

當然，並不是基因決定一切；基因也常常不是單一基因就可決定，而是多種基因的共同作用。幸好，我們還可以從「環境」與「生活型態」著手。例如，常常頂著大太陽而不防晒（如撐傘、戴帽或擦防晒油），久了，臉上也會長黑斑。如果有糖尿病或肥胖的家族史，但小心飲食不過量、多運動等，就可預防。

年輕時，細胞和器官都新鮮、旺盛，充滿能量，疾病常是來得急，也去得快，不礙事。中年時，生命力稍減，有些慢性病開始浮出，但忙著成家立業，只能繼續衝刺，無暇關注。到了老年，事業、家庭大致塵埃落定，有時間來沉澱回想：在基因、環境、生活方式與機遇的錯綜交織作用中，這大半生成就了什麼？滿意嗎？值得嗎？還想做什麼？還是只要平安、健康地過日子？

或許，還可以從生命盡頭的這端回頭看自己。不問哪一年生、今年幾歲，而是根據臺灣目前的平均壽命：男性七十八歲、女性八十四歲，再以自己的基因和身體狀況來加減年數，推算出自己的餘命是多少。以七十三歲的我為例，應該還可加個幾歲，所以大概還可再活十八年吧。

姑且不算「無常」的因素，十八年等於從小學念到碩士學位，只是體力與各方面都會逐漸衰退。自己算好了期限，心態和行動力就會不一樣。就好像參觀博物館，如果被告知只剩兩個小時可觀賞，而不是一整天，就會挑重點、選擇自己有興趣或必要的展示觀看。人生也一樣啊，只剩十八年，就會更珍惜現在，且好好規劃，讓老年走得平穩、順遂；再說，意外隨時會來造訪，不知什麼時候就會劃上句點，所以想做的事，還得有優先次序哪。

我退休的這十四年，從動作敏捷、精力充沛，對醫療外面的世界充滿新奇感的後中年，踏入銀髮世界，體驗了身體的退化，有些順其自然，有些努力修復，既珍惜目前所擁有的身心功能，也做好身體隨時會出狀況的心理準備。最重要的是保持健康的生活習慣、持續閱讀、寫作，並常常與同好們出遊互動；沒事時，就是望著天空的浮雲蒼狗，感覺自己的存在，也很滿足。

目錄

目錄

二、求助，也能自助

三、年老卻不衰老

目錄

六、持續學習新知

一

獨居而不孤獨

接受變老的事實，
往好的方向看，
做好自我心理建設。

米店女兒的「幸好」人生

幸好不受注意，給我充分的自由

母親生了兩個女兒與一個兒子後，在三十五歲「高齡」又懷胎，全家都盼望是個男孩，沒想到盼來的是我這個女娃，而且拚命從產道掙扎出來，右頭殼和臉頰受到嚴重擠壓，大聲啼哭時，嘴巴歪一邊。

鄰居們品頭論足：「頭臉腫腫，笑起來嘴巴又歪歪，沒見過這樣難看的嬰仔！」

父親去替我報戶口時，完全沒有心思為我取名字，幸好，經過鎮上一家醫師開的診所，父親就在名字欄位寫下這位女醫師的名字：秀枝。

用餐時，飯桌上如果只有一顆蛋，兩位姊姊和我的筷子不會去夾，因為那一定是獨子哥哥的。不過，我從不羨慕集所有寵愛在一身的哥哥，因為寵愛的代價是「期望」，殷切地望子成龍、光耀門楣，還要傳宗接代。幸好，我沒享受特權，也就不用背負重任。

家裡的米店生意有兩位姊姊幫忙，哥哥的學業是父母關注的重心，我成了個無足輕重的么女。**幸好，沒人注意就能擁有充分自由**，整天和鄰居小孩在外玩耍，我雖然個頭小，但練得一身健壯。

幸好早就學會，思考要有彈性

上了小學一年級，我發現念書有趣又容易，在男女合班的班上，第一學期輕易拿了第一名。

父親覺得很有面子，會對店裡的客人說：「你別看她是個女孩，很會念書，考第一名喔！」母親與親友們閒談時，也常摸摸我的頭說：「幸好，生了你這個巧囡仔。」

不過，得意的我也有弄巧成拙的時候。有一次看到鄰居阿嬤教訓吵鬧不休的小孫子，剛拿起藤條做做樣子打了一下，小孩就放聲大哭：「阿嬤，給你打死好了！」阿嬤一聽，丟下藤條，抱著孫兒痛哭說：「乖孫啊！」

我看得真切，既感動又羨慕，決定學以致用。

隔了幾天，我犯了家規，母親才舉起藤條，我馬上說：「給你打死算了！」未料，母親怒火高漲，厲聲說：「這個死女孩兒，哪裡學來這話的？」藤條立刻落在我腳上。隨著力道愈來愈重，速度愈來愈快，看樣子好像真的會被打死，我趕緊拔腿逃到大街上。

愛面子的母親不好意思追來，我直躲到天黑，肚子餓了，才悄悄溜回家。幸好，忙碌的母親好像忘了這回事。也**幸好，我小時候就受過這個慘痛教訓，學到每個人、每種情況都不同，不能一概而論。**

幸好想得樂觀，將挫折變成禮物

長得平庸、矮小的我，青春期沒人追求。幸好，沒有感情困擾，我可以心無旁騖地專心K書，牢牢抓住升學機會，跟隨哥哥的腳步，考上了醫學院；畢業後，幸運地進入教學醫院，當神經內科醫師。

在那個女醫師還是少數的年代，我在急診室或病房處理好病人的情況後，偶爾會有家屬問：「醫師怎麼還不來？」或是把一起查房的男醫師誤認為主治醫師，把我當成住院醫師。可我一點也不介意，因為**幸好**，

重男輕女的經驗我可多了，這是小case啦！

我自認看病很認真，心想：幸好我從小在米店裡長大，學會察言觀色，懂得溝通，讓我不論是臨床、教學或研究都能勝任，做個盡責的醫師，與同事們相處愉快，直至退休。

幸好，我時時把腦海裡的指針轉向「幸好」

某次我參加旅行團，到了東歐克羅埃西亞的一座美麗古城。正值黃昏，幾位六十多歲的女團員坐在教堂外的階梯上，等著集合吃飯。一位男團員走過來，以其退休將軍的架式，好像閱兵般地對女士們一一稱讚，如：雍容華貴、笑容可掬、眼睛很美、秀髮如雲、身材高䠷、衣著穿戴很有品味等。

輪到我時，老將軍看不出哪裡可以讚美，終於迸出一句，「你頭腦很好！」

我很開心，這位將軍點出了我的強項——頭腦好，並非聰明或有學問，而是「**會轉念**」，**時時把腦海裡的指針轉向「幸好」**。

我是老人好自在

誰對「老」有刻板印象？

一位七十多歲的朋友對我埋怨道：她住院準備接受手術，要動手術的前一天，醫師問了她許多有關個人的疾病問題，並告知手術的風險，她都一一回應。但最後需要簽署同意書時，醫師卻把文件遞向在旁邊，一直沒出聲的兒子。她快速攔截，在同意書上簽了名，交還給醫師。

她對我嘟囔著：「難道是醫師認為我老了，可能聽不懂、無法做決定，甚至不會簽字？可是，從頭到尾都是我在跟醫師對話啊！」

你怎麼看待老年，

它就怎麼回應你

曾在市區的一家燈飾店，看到一個可愛的燈罩。我脫口而出，「這mushroom（蘑菇）的造型好可愛。」

店員小姐驚訝地看著我，說：「哇，你還會說mushroom，懂英文哩！」雖然是讚嘆，卻是建立在對滿頭銀髮、貌不驚人的「老太太」的偏見。但是知道她沒有惡意，我笑了笑，不以為意。

幾天前，我獨自搭車到淡水漫步，走著走著，迷失了方向。看到路旁有位老婆婆與一位中年女士在聊天，我「很自然地」走向中年女士問路，但她說不知道，反而是老婆婆為我指引了正確的路徑。

難道年過七十的我，「也」下意識地對老年人有偏見，認為她應該不會知道？

如果連我這個老人都如此看待老人，那麼，一般人對老年人會有刻板印象，也就不難理解了。

人生的不同階段，自然推進

歲月的腳步，從嬰兒、小孩、年輕人、中年人到老年人，一個人處在哪個階段，旁人一看就知道。例如在「新冠狀病毒疫情」（COVID-19）期間，我自認衣飾光鮮，又戴著口罩和帽子，心想皺紋和白髮都不見了，自覺輕盈地踏入捷運車廂，卻有個年輕人立刻起身讓位。

年齡，不僅讓我們在外貌、動作和心境上不一樣，連常見的疾病都不同。比如：小兒多感染，年輕人易有自體免疫問題，老人常退化，也才會有「小兒科」、「青少年門診」與「高齡醫學」等科別之分。

甚至，即使是同一種疾病，當發生在不同年齡時，所表現的症狀、用藥劑量和療效，也常有差別。所以在醫院的病例討論會上，報告者一定會先說出病人的年齡。

你怎麼看待老年，它就怎麼回應你

年齡，限制不了生活的美好

人生的每個階段，都有它的美好和限制。老，是一種自然的生理現象。年紀大了，固然可能視茫、髮蒼、齒搖，腦筋也不若以前靈活；但是，閱歷豐富、智慧圓融。**若養成了健康的生活習慣，生理和心理年齡可能比實際年紀還年輕。**

而且，每個人老化的速度、老化的器官及對老化的適應能力都不同，不可一概而論。老了，並不等同於衰、老、病、弱。

年老如我，常活動、健走，勤讀書報、雜誌以健腦，慣用3C產品、遊走網路以跟上時代，並且穿著整齊而不邋遢。即使別人一眼就能看出我是老人——是啊，我本來就是，而且還是個自在、自主的老人。

所以嘍，面對年紀，我們還可以打出一張王牌，就是「**心態**」：**接受變老的事實，往好的方向看，並且，做好自我心理建設。**

例如在捷運上被讓位，這是別人的尊重和體恤，應該欣然接受。尤其每當在尖峰時間，看到捷運車廂內很擠，但敬老座硬是空在哪裡，等待讓給老人家，我都非常感動。

再看看各種敬老方案，如臺北市的公車、捷運，每個月免費四百八十元，火車票、高鐵票半價，以及許多博物館、美術館免門票等優惠，我都歡歡喜喜地享受，並不認為是對老年人的財力歧視呢。

把時間留給你的最愛

銀髮族的我逐漸領悟到，對於偏見或刻板印象，不要動怒，不要回應，不要想發揮「以天下為己任」的精神。如果是多年好友、或者是還想繼續來往的朋友，盡量看他的優點。假如是初識，少接觸就是了。

人生苦短，讓我們把寶貴的時間和有限的精力，用在「該用的地方」與「珍愛的人」身上。

於是，我笑著告訴朋友：「那位醫師可能只是認為，你的兒子也應該看看同意書的內容。不過，想必他對你的果斷、俐落印象深刻，發覺有些老人很不一樣，以後說不定會對老年人刮目相看呢！」

你怎麼看待老年，它就怎麼回應你

你看自己是幾歲？

才踏入捷運車廂，立刻有一位老先生從博愛座起身讓位。看他的年紀跟我沒差多少，動作也不是很敏捷，卻這麼有紳士風度，讓我非常感動。

我連忙稱謝，並說：「我再一站就要下車了，不用坐。」他才看似釋然地坐回去。

我只是沒染髮，看起來有那麼老嗎？

不禁想起最近讀到的多篇國際期刊論文提及，「別人眼中的你」、

「自我感覺」和「實際年齡」，三者常有落差。**通常，熟年者會覺得別人比較老，自己比較年輕，而且比實際年齡少個兩三歲，甚至更多。**那位先生一定也是覺得自己年輕，才會讓位。

「自覺年輕」是有好處的

有一篇發表於二〇一五年《美國醫學會內科醫學》期刊（*JAMA Internal Medicine*）的文章。在一項關於英國長期老化的研究中，六千四百八十九位、平均年齡六十六歲的社區居民被問到：**「你覺得你幾歲？」**

有七十%的人覺得自己比實際年齡至少年輕三歲；二十五%的人自認為與實際年齡接近（多或少個一、兩歲）；只有五%的人，覺得自己比實際年齡老了不只一歲。

追蹤八年後，研究人員把年齡、性別、認知功能、憂鬱症、身體狀況等因素，也納入統計分析，發現與「自覺年輕者」相比，「自覺年老」

這組的死亡率高了四十一％，而且以心血管疾病最為顯著。

可見，**「自覺年輕」不僅令人感覺良好，甚至可預測其將來死亡率的降低，這可能是他們具有韌性與自信，正面看待老年，並且常與同樣自覺年輕的人相處的關係吧。**

愈怕變老，愈會被年老困住

儘管年老帶來了人生經驗與智慧，但自古以來，無論東、西方的文化，都常把年老與衰弱、孤寂、失能、失智等疾病劃上等號，令人害怕變老。對許多人而言，這種對老年與老化的負面刻板印象，不僅從小就深植腦海，等自己變老了之後，也常不自覺地認同這種觀念。

因此，有些人年紀大了，就自認外貌、體力與智力都變差，而不再積極從事各種活動、或與人互動，也不在意穿著、打扮，果真把自己塑造成了刻板印象中的老人。

負面思考，可能會帶來慢性壓力

歐美各國有許多大型研究計畫，分別對數百人至數千人，追蹤兩年至三十八年，探討「關於老年的正面或負面看法，對健康有什麼影響」。近二十年來，這些研究陸續發表了結果：持負面看法的人，死亡率較高，住院次數較多；而**持正面看法的人，死亡率較低，走路速度較快、手的握力較強、認知功能較佳，並且比較能從衛教課程受益，而改善健康。**

以發表於二〇〇九年《心理科學》期刊（*Psychological Science*）的，美國「巴爾的摩長期老化研究」為例，這項研究，從一九六八年至二〇〇七年，追蹤了三百八十六位、年齡十八至四十九歲（平均三十七歲）的健康者。並且在一開始時，以問卷評估參加者對老年的看法，如「老人是無助的」、「老年人心不在焉」等共十六項，分數高於平均值的表示負面看法，低於平均值的為正面看法。

結果發現，在三十八年的追蹤期間，對老年持「負面」看法的人，出現第一次心血管疾病（包括中風）的比例較高。例如在第三十年時，持負面看法者的心血管疾病發生率為二十五％，而正面看法者只有十三％。

研究者推論，**對老年持負面看法是一種「慢性壓力」，因而間接導致了心血管疾病發生。**

你怎麼看待老年，將來老年就會怎麼回應你

能活到老，是種福報，因為不是人人都有機會長壽。

變老，雖然會容顏改變、體力衰退、慢性病上身、親友漸凋零，以及收入減少等，但同時也累積了人生經驗、智慧逐漸圓熟，而且可以放慢腳步，學習新東西或展開第二人生。

老年，其實是個持續成長的過程。

人生如四季，走過春耕、夏耘、秋收，來到冬藏的季節，只要年輕時努力耕耘，老來就有好收藏。不求完全無病、無痛，但是，有病時，積極治療；無病時，維持健康的生活習慣，發揮最佳身心功能，享受活躍生活。

怎麼想，就會怎麼做，最後達到你所想像的結果。

所以**年輕時正面看待老年，就會不由自主地往積極、成長、健康的活躍老年路上走；反之亦然。可見你怎麼看待老年，將來老年就會怎麼回應你。**

健康長壽的三個實用處方

好好照顧健康最重要

內政部公布的**二〇一九年國人平均壽命為八十一歲，男性是七十八歲，女性則是八十四歲**，創下歷年來的新高。而截至二〇二〇年六月，臺灣六十五歲以上的人口比例高達十五・七%，並持續攀升中。

因此，長壽不是問題。如何有個健康的老年、做到「老康健」（healthspan），才是重要的。

要「老康健」，除了身、心健康，其他層面也很重要。二〇二〇年二月四號的《美國醫學》期刊有一篇論文：〈二十一世紀的長壽處方〉，引用醫學文獻，提出健康老年的三個要素，很值得參考。

「老康健」要素一：生活有目標，帶來意義和價值

美國有一項「健康與退休研究」（HRS），請六千九百八十五位、平均年齡六十八歲的居民，填寫「心理幸福量表」中的七個題目，以評估他們是否有生活目標。題目如「有些人生活沒有目標，但我不是這樣的人」。分數愈高，表示愈有生活目標。

四年後，研究人員發現，分數最低的人，死亡率是分數最高者的二．四三倍，可見「**擁有生活目標」是有益健康的**。其作用機轉不明，可能與血中皮質醇與促發炎細胞激素的濃度降低有關。

我們小時候幾乎都寫過作文〈我的志願〉。**銀髮族也要有目標，才會**

活得有意義、有價值感。

目標不一定要遠大。可以是擔任志工、上社區大學，學樂器、陶藝、寫作、繪畫、國標舞等圓夢計畫，以擴展視野，成就自己。也可以是照顧孫輩，含飴弄孫，樂在其中，且讓中年兒女在事業上能全力衝刺，成就子女。

「老康健」要素二：維繫社交人脈，可互助和取暖

有一份針對一百四十八項、來自不同國家的前瞻性流行病學研究報告，所做的統合分析，這些研究共有三十萬八千八百四十九位參加者，平均年齡六十三歲，平均追蹤了七年半。

結果發現整體而言，社交關係較強的人，存活率比社交關係弱的人多了五十%。**社交有益健康可能是因有助於紓解精神壓力，或容易得到各種人脈資源幫助的關係。**

人是群居的動物，需要與親友互助、取暖，有歸屬感，才比較不覺孤單、少憂鬱。

有些上班族努力工作，平常接觸的都是同事；退休後，才發覺自己沒有朋友。因此，**在年輕時就要依個人的興趣或需要，加入不同的社團。**這些社團成員來自不同行業，沒有利害關係，不僅能夠一同成長、變老，且有新血加入，可以交換訊息、互通有無，比如生病要看哪一位醫師等。

這陣子為防範COVID-19，有位朋友在LINE群組裡說她到處去排隊，都買不到口罩，於是有朋友送口罩到她家，令她好感動。

「老康健」要素三：良好的生活型態，是健康基礎

美國芝加哥有一項「記憶與老化研究」（MAP），追蹤九百二十一位無失智症的居民，平均年齡八十一歲；六年後，有兩百二十人被診斷為患了阿茲海默症。

研究並發現，飲食攝取「黃酮醇」（flavonols）的量最高者，罹患阿茲海默症的機率，比黃酮醇攝取最低者少了四十八%。

「黃酮醇」存在於茶葉中，與甘藍、菠菜、豆莢、花椰菜、橘子、番茄與梨子等許多蔬果中。

良好的生活習慣像是：不抽菸、飲酒適量，多動腦、多運動、多從事休閒活動，多吃蔬果，睡眠充足等。**這不僅是健康的基礎，能提升免疫力，也有助於降低得阿茲海默症的風險。**

「老康健」的準備，愈早開始愈好

其實，「生活有目標」、「維繫社交人脈」與「健康的生活型態」，應該從年輕或中年時就開始，慢慢培養，才能長長久久，長壽且健康。

獨居苦？獨居樂？端看你怎麼過

獨居，而不孤獨

與三位好友聚餐談心，其中，七十八歲的好友剛辦完先生的百日忌。先生的驟然離世，令她心痛又慌亂。幸好，已各自成家的兒女們幫忙處理喪葬、稅務等事宜，加上她多年來念經禮佛、修佛學課，有助於使心情逐漸平靜，開始漸漸習慣一個人的生活。

她除了獨自上市場，有時會照著我在部落格文章裡介紹的郊區步道，一個人搭捷運和公車去健行。偶爾也去夜市吃清蒸肉圓和蝦仁羹，回味

你怎麼看待老年，

它就怎麼回應你

以前與先生的點滴。她並回歸參與多年的高爾夫球隊，繼續揮桿。

最近，她參加教會舉辦的日文課程，同學大多是熟年族。老師以日文問大家：「中秋節怎麼過？」

有位配偶病故、且兒女都在國外的男士說：「和朋友去唱ＫＴＶ。」一位七十多歲的獨居女士說：「自己搭捷運到淡水賞月。」多麼瀟灑、有意境，是我們學習的榜樣。

無論是不婚、離婚或喪偶，隨著高齡與少子化，「獨居」的機率愈來愈高，我們不妨也為可能的獨居來個「超前部署」。

與疾病共存，跟知識同在，和活力同生

生活起居不求人，是獨居的首要條件。

老年人的健康不是無病痛，而是「與疾病共存」，比如把高血壓等慢性病控制好，讓身體處於最佳狀態。

然而要有健康的老年，需從年輕時就開始努力，如均衡飲食、持續運動、多動腦、不熬夜等。

年長者大多不會亂花錢，若不必付額外的醫療費用，開銷其實有限。所以只要有存款、退休金或還有收入（也就是年輕時要努力工作），就可以活得自在。

當然，如果子女願意每個月給你零用金，請欣然接受。

從年輕時就參加的社團——不管當初是因為興趣（如合唱團）、公益（如扶輪社）、工作（如各種學會）或信仰（宗教）而加入——請繼續參與，這是維繫社交網絡最好、最安全、最不會受騙的方式。

另外，臺灣有很多社區大學或樂齡學堂，課程琳瑯滿目，一定可以找到喜歡的主題，且可認識新朋友。像我曾選了社區大學的「鐵道訪古自由行」課程，與一群年輕同學搭火車的慢車出遊，不僅長知識，且身心愉快。

能有充裕時間安靜地閱讀、寫作或追劇，是獨居最大的享受。學習使用３Ｃ產品和各種通訊軟體，不僅有助於動腦，且可跟上時代。

記得打電話問候兄弟姊妹。孫兒需要照顧時，也要適時地支援，培養祖孫情。

人老了，父母不在了，兄弟姊妹也老了，孩子可能還在拚事業，這時候，就要靠「朋友」。

朋友有許多種：多年深交、且無所不談的密友；在你生病或需要時，可以伸手幫忙的摯友；有共同興趣的朋友圈，如旅遊、美食、高爾夫球或讀書會等；還有網路上的朋友……這些都能滋潤我們的生命，讓我們獨居而不孤獨。

不僅老友要聯繫，還要交新朋友，才能帶來新見解、新視野。

銀髮獨居，自在瀟灑

趁著自己的精神、體力都還充足時，超前部署。

如果以上的重點大都做到了，相信未來的獨居生活會很豐富、充實、快樂且滿足。

「超前部署」，才能瀟灑獨居

白內障手術的體悟

我最近動了「白內障摘除併人工水晶體植入手術」。手術順利且成功，但有些感悟，想跟大家分享。

單身的我，個性獨立，又有一技之長，很享受獨居的快樂。要吃什麼、要買什麼，想在哪裡定居，選擇什麼職業，甚至房間要怎麼亂，都不用徵求另一半的同意或看眼色。也不需考慮兒女的學區，更沒有婆媳問題。

我相信只要經濟獨立，不仰賴他人，就可以瀟灑到終老。

也因為單身，無所依靠，需要自立、自主，所以堅強。因為沒有牽絆，沒有付出，就不會要求回報；相對地，也不會把別人的幫忙視為理所當然，而是懂得感恩。

然而，年紀漸大，身體器官就像老舊的汽車零件，一一需要修補、汰換，更別說可能隨之而來的心臟病、腦中風和癌症了。

即使醫藥進步，有健保給付，畢竟還需要旁人照顧。縱使經濟狀況可以請人來居家照顧，或是住進長照、安養機構，還是需要他人代為付費。

與我同輩的親戚大多比我年長，自顧不暇。晚輩不是還在職場打拚，就是忙著照顧自己的父母。這時候，「朋友」就派上用場了。

多虧好友的幫忙

一開完白內障手術，眼睛以眼罩蓋住。另一隻眼睛的視力差，但此時無法戴眼鏡，眼前霧茫茫。

幸好，有位好友特別騰出時間陪我到醫院，等我動完手術後，幫我到另一棟建築物去計價、繳費和領藥，再攙扶我去搭計程車，並且把術後的注意事項唸給我聽。

隔天，好友來我家接還戴著眼罩的我，一同到眼科回診。又因我在術後不能拿重物，還上市場買了幾天份的水果給我，著實令我感激。

你有能陪你看病的好朋友嗎？

人是群居的動物，再怎麼獨立、自主，還是不能社交孤立，才能活躍、健康。

社交網絡主要是來自親友。但現代人晚婚，加上少子化、人口多流動、獨居人口增加等原因，**單身者到了老年時，「朋友」的角色更為重要。**

交友需花時間、常相處，經過磨合，發現彼此的價值觀接近，進而互相信賴、包容、幫助，並交心，成為重要的情緒和實務支柱。而且友誼是雙向關係，享受友情的滋潤，也要適時地回饋。

一篇發表於二〇一八年的《認知科學趨勢》刊物，剖析友情的論文提到：一般人的朋友圈約有一百五十人，其中，四十%的時間與精力投注於最內圈的五位摯友，二十%則放在第二圈的十位。也就是說以普遍情況來看，一個人大約有十五名好友。

你不妨也數數看：**自己有幾個好友？而其中能陪你看病的又有幾人？**

以病房模式，設計獨居的住處

日前和一位比我年輕幾歲、但同樣也退休了的同事聊天。獨居的她提到，新居是以病房模式設計的套房。我大感興趣，冒昧地要求參訪。

果然，她在浴室地板貼防滑墊；在馬桶的兩側裝了把手，協助起身；並且預留了輪椅可通行的走道空間。

她有間採光很好的大套房，巧妙地區分臥房與客廳。一張類似病床的單人電動床，搭配美麗的床單、靠枕，顯得很溫馨。

屋內還安裝了自動開關的燈，方便夜間如廁。

床頭小桌上，有一個小小的「**緊急通報機器**」，還有個隨身按鈕，遇緊急狀況時按下按鈕，二十四小時的服務中心就能協助通知緊急聯絡人或救護車等。**符合條件的六十五歲獨居者，向各縣市社會局（處）申請、且經過評估之後，即可享有這種服務。**

這位專業護理好友真是超前部署的好榜樣。

也跟朋友組個LINE群組吧

即使是摯友，也不可能天天相見。然而拜現代科技之賜，大家可以隨時透過通訊軟體聯絡，例如LINE。而且一個人會有不同群組，雖然群組裡的成員可能只是泛泛之交，甚至連見都沒見過面，但是會令人覺得熱鬧，且有歸屬感。

我一向對於在群組裡每天早晚問安的「長輩圖」不以為然。雖然發這些長輩圖是想要表示關懷，但提供的訊息不多、又占版面，甚至可能會把重要訊息都洗版。

不過，最近聽到有獨居老人在家過世幾天後才被發現，令人覺得心酸又感慨。

我在想，也許可以在通訊軟體裡，設計一處讓獨居老人每天打卡報到的地方，將使獨居老人更有安全感。

好朋友有益健康

決定接受腰椎手術

個性獨立、經濟自主的我，以身為一名現代單身職場女性自許。瀟灑走過繁花似錦的盛年，步入七十大關後，才猛然發覺已成了個獨居老人。

不過，**獨居並不等於孤寂**。

我除了擁有各類LINE群組，還有一大票實體朋友，一起健行、旅遊、品嘗美食、閱讀和寫作等，自認活得豐富而充實。

然而，也不免擔心「等你老了，你就知道」的魔咒，唯恐細胞會異常增生，變成癌症，或是器官紛紛折損、退化。因此，我在每天睡前和自己對話：**「全身的細胞和器官啊，我很努力運動、並吃得營養，也請你們好好待我，不要誤入增生或退化的歧途喔。」**

免不了的，器官退化了

一開始是走久了，覺得腰痠痛、尾椎溫熱，兩個腳底開始發麻，一直往上延伸到大腿，麻得連站都站不穩，更無法邁步，非得坐下休息幾分鐘後才恢復。

經過就醫檢查，發現是腰椎第三、四、五節明顯滑脫，導致腰椎管狹窄，造成「間歇性跛行」。

雖然服用止痛劑，並努力接受了三個月的復健，但狀況持續變糟，幾乎每走六分鐘就腰痛，下肢麻的情況更是毫無起色。

由於這些狀況嚴重影響了生活品質，於是，我決定接受開刀治療。

專精腰椎神經減壓、鋼釘內固定、骨融合微創手術的醫師很多，多方好友一致推薦其中一位。經過這位醫師清楚、扼要地說明手術後，我有信心且安心，並問：「我一個人住，手術後，是否需請人照顧？」

醫師回答：「如果不需做粗重的家事，可以不用。」

於是我敲定了手術日期，並**著手安排獨居老人應有的準備，包括術前、術中與術後。**

手術前，做好相關功課

為了證明自己的獨立、自主，在動手術之前，我做足了功課。

先去剪頭髮，免得躺在病床上，太蓬頭垢面。

在家裡的浴廁間，鋪上了新買的止滑墊，預防老人在浴室跌倒的悲劇發生。

因為不能提重物，於是我像小鳥銜草般，每天買些乾糧、水果、飲料和冷凍食品等，連衛生紙、面紙等也準備齊全了。

最後，再拜託好友到時候帶我出院。

手術有一定的風險，也許以後我無法繼續踏青或打高爾夫球，於是在開刀前，先向健行夥伴告假三個月，並自行到陽明山惜櫻、賞海芋，默默向美麗的大自然道謝。

接著，參加高爾夫球隊的中部之旅，珍惜每一次揮桿，並告知球友們自己將要進場維修，六個月後見。

手術中，最好有至親在醫院

動手術時，開刀房外，最好有至親在，以便發生狀況時有所應變。

十五年前，我第一次開刀，是大我十一歲的二姊在外等候。如今她已重度失智。

七年前，則是兄嫂和堂姊守候與陪伴。但兄嫂現在的年齡皆逼近八十歲，堂姊忙著顧孫。

幸好，這次有壯年的外甥自願請假一天，讓我鬆了一口氣。

一切安排就緒了，我拎個小衣物袋，裡面放支輕型伸縮手杖，一個人很篤定地到醫院辦住院手續，準備隔天開刀。

你怎麼看待老年，

它就怎麼回應你

手術後，我決定獨自在家休養

我的腰椎微創手術，包括神經減壓、骨融合和鋼釘內固定，順利成功了。

術後的第一天，醫師讓我戴上背架下床，先拿著助行器試走幾步。接著，我不用助行器，也可走一小段，尾椎和兩腳不再麻木。

住院期間，因僱請了照服員，且訂了醫院餐食，生活起居不成問題。剛好又遇到COVID-19的疫情高峰，嚴禁訪客，所有知道我住院的親友們都名正言順地不來探病，我也免於正在拔導尿管、換藥或擦澡時，朋友突然露臉的尷尬場面，如此兩相心安。

有位護理師擔心我出院後無人照顧，三番兩次地熱心勸我要早下決定，看是申請長照的居家服務、住親戚家，或者僱用短期看護與我同住，幾乎快動搖我獨居在宅休養的信念。

但最後，我還是堅持原計畫，在術後第四天出院時，請好友開車帶我回家。

黃金女郎閨密之必要

回到家真好！有電腦可用、書本可讀，還有電視可追劇。熟悉的小窩，什麼東西都是觸手可及。洗手間也只離床邊幾步的距離，且新鋪了

你怎麼看待老年，它就怎麼回應你

止滑墊，不怕跌倒。再說我手機不離身，隨時可呼救。

回到熟悉、安全、舒適的家，可以好好休息。接下來在回診前的這十天，我只要定下心來，放慢腳步，讓身體慢慢復元，正巧也配合當前因疫情而應少出門的呼籲。

住院前，我因為頸椎曾經開過刀，不能提重物，於是像螞蟻搬家，每天買一點食物，在冰箱塞滿冷凍食品與水果備用。

沒想到，手術後，我還不能彎腰，自己拿不到冰箱下層的食物，下背部的傷口換藥也需要人幫忙。

三位摯友立刻與我組成一個核心LINE群組，隨時保持聯絡。

她們都比我年輕，熱心又能幹，並且都有照顧長輩的經驗。從職場退休後，雖然還有家庭要照顧，但馬上主動騰出時間。**她們深知我的習性，所有的協助都是根據我的需要、方便與喜好，不是「她們認為」對病人最好的方式，十分貼心。**

三位好友每隔兩三天輪流來我家幫我補充食物，為我下背部的傷口消毒、換紗布，以及打理生活細節。由於傷口不能弄濕，還幫我擦乾上背，並噴灑乾洗髮劑，再把頭髮擦乾、梳好。

好友打趣道：「我們都一起泡過好幾次溫泉，你就別裝不好意思了。」

其他好友們也紛紛表示要過來幫忙或送餐，但我深感朋友資源要珍惜，不能一下子用盡，便告知朋友們，有需要時再找她們。不過有些支援，我也欣然接受，因此，冰箱的冷凍層裝滿了好幾包一人份的山藥雞湯、咖哩牛肉飯、滷味、蔬菜濃湯、地瓜湯、包子和牛角麵包等，用電鍋蒸熱即可入口。

許多朋友都有共識地不打電話來問候，以免打擾我休息，而是紛紛以LINE或電郵表達關心，並且表示只要我開口，她們很樂意協助，讓我感到非常窩心。

有朋友們當後盾，我覺得心中非常踏實。

老朋友、新朋友，都是珍貴資源

從小就喜歡呼朋引伴的我，曾被母親叨唸：「有沒有搞錯？把朋友看得比家人還重要。」

每個成長階段，我都結交了不同的朋友，合得來的就自然長期交往。還在職場忙碌時，可能疏於聯絡；但退休後，所有老朋友又再聯繫上。而且在不同場合，又會認識新朋友。

交友原是因為志同道合或共同興趣，並沒有料到老來竟成為一項很寶貴的資源。原來除了「友直、友諒、友多聞」，朋友還有益迅速恢復健康呢！

我要怎麼說再見？

回顧罹癌好友的精采此生

參加過不少告別式，印象最深刻、也最震撼的是一位六十歲往生的好友，放映的第一張投影片就是她罹患癌症後，接受化療的光頭照片：身著病服、打著點滴，體貼的先生陪伴在旁。她堅定的眼神，勇敢、豪率，令人動容。

投影片從她人生的最後時刻一直往前推：事業成就、桃李天下、家庭圓滿、國外求學、學業優異到乖巧可愛的小女孩……短暫的片段如同時

你怎麼看待老年，

它就怎麼回應你

光隧道般，帶我們陪著她走完精采人生。

事後，一位朋友很感慨地說：「平常要多拍照，告別式才會精采豐富。而且要趁現在還不是很老，去拍一張美美的大頭照，以備靈堂使用。」

我不禁心想：**我要怎樣的告別式呢？**

人老了，有一天都會這樣

記得我五、六歲時，住在鄉下的外祖母去世了。

瘦小的外祖母是位非常慈祥、輕聲細語，散發著溫暖光輝的長輩。我們這些孩子都非常喜歡她來家裡，因為如果犯了錯，母親拿起藤條要責打時，趕快跑到外祖母身邊就沒事了。

外祖母的遺體躺在大廳裡，墊高的門扇板上，面色祥和，旁邊點著香。母親帶著我繞外祖母一圈，說：「免驚，阿嬤是好人，很疼我們，不會害我們的。」——這是我對往生者的初次印象：安靜、平和、自然，無有恐懼，而且**人老了，有一天都會這樣。**

父親病逝時是九十一歲。中部小鎮的喪禮，大多在自家門前搭棚、設靈堂，且占了馬路的一部分，因此，需事先向派出所申請路權。

當時，我們晚輩站在靈堂旁，一面哀戚答禮、一面聽到背後的車聲，不免有點擔心被撞。幸好路過者都尊重往生者，也體諒家屬，車子慢行而過。

晚輩跪拜時，六十歲出頭的大嫂因膝蓋退化，跪下後無法起身，還得讓身旁的大哥拉她一把。禮儀師趕緊說：「不方便者可以免跪，行禮即可。」

喪禮的繁文縟節之一是請法師及居士誦經、唸佛。我手邊沒有經文，不知內容，只覺得聲調平庸而反覆，但聽久了，心境卻慢慢平靜，頗為療癒。

那時五十多歲的我，想著退休後，也許可以從事禮儀師的工作，希望能以莊嚴、溫暖的方式撫慰生者。大哥卻笑說，殯葬業是個大事業，我的外表和專業能力都明顯不足。他說得對，但從此，我就特別注意喪禮撫癒人心的療效。

父親去世後六年，九十七歲的母親往生了，我們仍然在自家門前搭棚、設靈堂。由於母親是大家族中最高齡的長輩，當時跪拜的晚輩多到即使三人一排，還是排到棚子外。這讓我感受到臺灣傳統的喪禮，可說是大家族成員見面、緬懷、思源的機會，也是個人省思、感恩和療傷止痛的起動力。

基督教的追思禮拜在教會舉行，莊嚴典雅，除了牧師講道、獻詩班，大家一起禱告、讀經、唱詩，非常療癒，而且離開時，每人手上還常帶回一盒點心呢！

從現在開始回看一生，不留下遺憾

我單身，與大家族的親戚們平常少聯絡，想到等哪天自己走了，那時候朋友也都老了，能來參加告別式的人可能寥寥無幾，怕是既難堪，又心酸。

所以，我決定免掉告別式，但要**自行製作一生的投影片，而且從現在開始做，同時反省做人有哪些要改善或學習的、還想去哪裡玩、哪些事還沒做，趁現在還來得及一一補足。**

不過，投影片將來給誰看？總有幾位親友吧。或許也可以放到YouTube，永存雲端喔。

二

求助，也能自助

老而能自立、自主，
是很快樂、很自豪的事。

感恩的力量，超出你的想像

每天做六件事，十四年未間斷

打開電腦的日誌檔案，在每天必做的六個項目中，記上一兩句，完成我的睡前作業，才心懷感恩地安然入睡。

這六個項目是：運動、心智、愛己、利他、應做和感恩。

「運動」（至少走路四十分鐘）和「心智」（如看書），可強身、健腦；「愛己」（美食）和「利他」（稱讚他人），是人際關係的潤滑劑；「應做」（開會）不僅盡責，且讓我覺得自己有用；「感恩」（被讓位、

出新書）則提醒我，自己有多幸福。

如此，身心、人際都顧到，大腦、腸胃都滿足，相信失智會遠離我。

退休只是從職場退休，並非從生活退休，更不是天天睡到自然醒，散漫無章。而是安排一種符合自己節奏的健康生活。因此，我列出這個每日清單，除了出國旅遊，十四年不曾間斷。

感恩，會形成身、心、靈的良性循環

其中，「感恩」這項最讓我感恩。

人生總有不如意的事或看不順眼的人，誘發的情緒反應常被自己放大，反而使我們看不到、忽略人世間的其他美好。就好比逆風而上的自行車騎士，常常只記得雙腳用力往上踩的辛苦，卻忘了之後順風而下，涼風拂背的舒暢。

如果經常看到事情好的一面，或養成正面思考的習慣，感恩之心自會油然而生。而且**大腦額葉的神經細胞活躍起來，腦幹也釋放出多巴胺和血清素，讓我們覺得幸福、快樂。**這股正能量會帶來好人緣，使我們活得更有動力，凡事樂觀，即使生了病也會積極治療，而形成一個有益身、心、靈的良性循環。

感恩可以是小確幸，比如搭朋友的車子，也可以大到是除夕圍爐或手術成功。例如，有位朋友因主動脈剝離而接受緊急手術後，雙腿仍然無力，無法下床。但她滿懷感恩，因為不但命保住了，且沒傷到喉嚨與大腦，讓她仍保有引以為傲的歌喉，還可以繼續授課。之後她努力復健，行走自如。

另一位朋友和先生騎自行車到家具中心，才下車，忽然一陣頭暈，昏倒在地。醒來後，家具店的人員讓她躺在一張床上休息。之後她就醫，發現是心律不整，接受了電燒灼術治療，並長期服藥控制。她很感恩，因為先生剛好同行，且昏倒時不是正在騎車、開車或過馬路，否則更危險。

回顧舊的一年，感恩滿滿。在新的一年發個願，繼續在每日生活中注入感恩的元素，發揮感恩的力量。不管外面的世界如何紛擾，仍然身心安頓，幸福而滿足。

既能「自助」，也不怕開口「求助」

無法彎腰，我請陌生人幫忙

那天才剛踏出家門，一陣強風吹來，我只能眼睜睜地看著被吹落在地上的帽子。我才接受了腰椎手術兩週，戴著護背，不能彎腰；且膝蓋退化無力，實在無法蹲下。幸好，有個年輕人正好經過，立刻替我撿起帽子，我連連稱謝。

去超市購物，在收銀臺前掏錢時，不小心把一枚五元硬幣掉落地上，只好轉身對排在我後方的老先生說：「對不起，我的腰椎剛開過刀，不能彎腰。」他眨眨眼，看了看我的護背，馬上彎下身把硬幣撿起來交給我，且看似很開心地接受我的道謝。

在安全前提下，大方請求協助

一般人不喜歡或不好意思麻煩陌生人，覺得會讓自己看來好像是弱者，擔心遭拒絕而難堪，甚至怕會出問題。

在手機還不是很普及的年代，我獨自到國外旅遊，有時會請路人幫我拍照。朋友問：「難道不怕人家把你的手機拿了就跑。你怎麼追得上？」我笑著說：「我相信大部分的人都是好人，人性本善嘛。」

而且，我自有一套觀人之道：有人是利他主義者，天生喜歡幫助他人，一看就是心慈面善，找他幫忙，他樂意，你高興；穿制服的學生有品牌，可靠；男女成雙者，則請男士幫忙，給他一個在女友面前表現紳士風度的機會；全家出遊的最安全了，父母非得在小孩子面前做個助人為善的好榜樣不可。

有些人很鐵齒，明明迷路了，卻不肯問人，非得多繞路，還辯說是多走路有益健康。我可不逞強，「路」是長在嘴巴上的，只要你願意開口問，一般人都會熱心指引；甚至當路線太複雜，講不清時，還會帶你走到關鍵的路口。萬一被陌生人拒絕了，其實也沒有損失，更不必難過，再問下一位就是了。

幫助人，要量力而為

在常常接受陌生人幫助之外，也要感受一下助人的快樂，但是得量力而為。例如看到有人溺水時，不會游泳的人千萬不要立刻跳下去，否則就變成要救兩個人了。

有趣的是，或許不見得能幫上忙，但**光是有助人的念頭就會帶來快樂。**

去年我搭基隆一〇一公車到和平島，在車上，一群互不相識的乘客變得非常熱絡，只因為一位老太太從南部來探望女兒，她說只記得女兒住處的樣貌，而不知住址，但最近市容變得她都不認得了，於是大家七嘴八舌地給意見。不知她最後是否有找到女兒。

幫助人，別心存觀望

大多數的人都有心想幫助陌生人。但為何常沒有人採取行動？除了衡量自己的能耐外，可能是怕惹麻煩，如經過車禍現場或看見有人倒在路上（其實這時候最需要幫助）；或是心存觀望，想著也許有人會協助，自己就不用出手了。

有一次，我在士林捷運站的出口處，看見一位視障先生拿枴杖沿著導盲磚走，逐漸走歪，眼看著就要碰上旁邊的水泥柱……不少人都注意到了，但是都沒出手或出聲。終於我忍不住，趕緊向前抓住他的手臂，引導他回到導盲磚。

有一回搭車，在安靜的捷運車廂裡，一位先生大聲講手機，字字清晰入耳——可惜耳朵沒蓋子，不若眼睛可以閉上。內容顯然是有關長輩的居家照顧問題。我發現我們在同一站下車，上前想提供自己之前的經驗，以供參考。但他說：「我在電話裡講的是私人問題，你不該聽。」

他說得沒錯，而且我還犯了好為人師的毛病。但我也不會從此便打消想助人的意願，因為至少不會錯過那些需要幫忙、而不好意思開口的人。

倚老賣老，不但讓人嫌棄，也害自己更快退化

滿頭灰髮且身戴護背的我，需要幫忙時，只要開口，從沒被拒絕過。但也不能因此倚老賣老，認為一切都需要別人代勞，久了，不僅會惹人嫌，自己的生活功能也有可能快速退化。

自己做得到，就不要麻煩別人。老而能自立、自主，是很快樂、很自豪的事。

你怎麼
看待老年，
它就怎麼回應你

多樂觀，多健康

你看見杯子是半空？還是半滿？

有次在一個社團演講「有一天你若老」的主題，提及自身多年前罹患乳癌的治療經過。演講結束後，有位女士提問：**「為何得了癌症，您還能如此樂觀？請問您當年是如何克服心裡的不平？」**

「樂觀」是預期好的事會發生，凡事往好的方面看，就好像看到的是還有半杯水，而不是杯子半空或只剩下半杯水。具有樂觀心態的人，不僅會正向看待事情，且會進而積極地採取行動，解決問題。

樂觀的人，較會積極地解決問題

近二十年來，「樂觀」逐漸受到醫界重視。有不少歐美的大型流行病學研究分別顯示了，**樂觀者不僅罹患心血管疾病的機率較低、整體死亡率下降、多高壽、易有健康的老年，而且即使罹患癌症，生活品質較佳，且存活率也較高。**

以發表於二〇一九年三月《美國流行病學》期刊的「健康與退休研究」（the Health and Retirement Study）為例：五千六百九十八位（其中，女性有三千四百九十二位，男性有兩千二百零六位）、五十歲以上的美國健康成年人，接受面談與問卷調查，並以「生活導向測驗修訂版」（Life Orientation Test-Revised）測其樂觀程度。

「生活導向測驗修訂版」共有六個題目，正面和負面各三題。正面題目如「當事情不確定時，我通常會預期最好的情況」，負面題目如「我極少指望好事會發生在我身上」。根據每題答案的同意程度，得到一個平均值，分數愈高，表示愈樂觀。

之後，研究人員每兩年追蹤受測者的健康狀況。健康狀況包括：體能（如走路、爬樓梯等）、認知功能（以電話測試）和是否罹患慢性病。經過六到八年後，有兩千七百七十四位（即四十九％）仍然健康。

雖然此項研究中的樂觀者教育程度較高、較少抽菸，也較少有憂鬱症，但是把這些因素考慮在內、進行統計分析後顯示：在研究剛開始時的「樂觀分數」落在最高四分之一的人，維持健康老年的機率，比樂觀分數落在最低四分之一者多了二十四％。

樂觀為何有益健康？其作用機轉尚不明確。有學者推測，可能與身體的免疫和神經內分泌系統有關。

但很可能是因為樂觀者通常會採取健康的生活方式，如多運動、不抽菸、注重飲食等，凡事看到事情的光明面，也較能承受壓力，縱使罹病也會擁抱希望、做心理調適、積極地尋求資源和治療之故。

如何後天培養樂觀？

有些人天生樂觀，也有人是因後天順遂的境遇使然。但是樂觀具感染力，且可以後天培養。除了多與樂觀的人相處，還可嘗試這個方法——

當遇到有病痛或問題時，在白紙上寫下：

- **最糟和最好的情況是什麼。**
- **解決的方法是什麼？是就醫、尋求第二意見、請求朋友協助或尋找社會資源？**

如果非個人能力所及，則放寬心接受，專注於目前自己所擁有的能力而加以發揮。

生、老、病、死，是人生的必然

回到此篇文章的一開始，對於那位女士的提問。我是這麼回答她的：「年紀漸長，各種退化性疾病與癌症都有可能上身。我很幸運，得的是乳癌。乳癌是女性常見的癌症，醫師有豐富的臨床經驗，且新的治療方法不斷被研發出來。

「我從來沒有心生不平，因為生、老、病、死是人生的必然。不得癌症，也可能會得其他的病，要不然前人都到哪裡去了？

「不過，發現了癌症，尤其是治療過後，讓我更珍惜生命。」

祝你「健康快樂」，不是隨口說說

從「幸福感」來談快樂

逢年過節在電子郵件與社群網站上問候親友，每次在結尾時，都很想用個別出心裁的祝賀語，不要總是老掉牙的「健康快樂」這四個字，但常常還是沿用了。因為除了不會出錯，它還有醫學的背後意涵。

「健康」與「快樂」，這兩件事有關聯嗎？是互補？還是因果關係？想當然耳，有健康的身體，自然會心情愉悅，至少不會不快樂。而且不少慢性疾病如癌症、中風或巴金森氏症，常合併憂鬱症狀，就是個反證。

但是，心情快樂就會身體健康，甚至降低死亡風險嗎？快樂是主觀的感受，它的廣義「幸福感」則比較具體。學者認為幸福感有三個層面：

一、快樂（hedonic well-being）：即高興、欣喜。是一種當下或短時間內，情緒上的欣悅，而且會隨著時間波動。

二、滿足感（life evaluation）：對自我與生活品質的滿足感。

三、幸福感（eudemonic well-being）：對人生價值與意義的滿意。

有幸福感的人，可能較長壽

十多年來，許多有關「快樂」與「健康」的論文陸續發表，大多是大型流行病學的觀察性研究。多數研究認為兩者有密切相關，尤其對老年族群更為顯著。而且快樂的人較為健康，甚至死亡率較低；但也有可能是因健康的人較快樂，加上研究方法與對快樂的定義不一，因此很難完全確立它們之間的因果關係。

不過，以「英國長期老年追蹤研究」這篇論文而言，很可能是**幸福感愈高，則愈健康。**

九千零五十位、平均年齡六十五歲的英國居民，接受十五道題目的問卷測驗，評估他們的「幸福感」，例如自主權、自我成長、接受自己和覺得人生有意義等。分數從零至四十五分，分數愈高，代表幸福指數愈高。

追蹤八年半後，有一千五百四十二人去世。研究發現，幸福感分數處於最低四分之一者，死亡率為二十九・三%；分數處於最高四分之一者，死亡率只有九・三%。由於幸福感還受到年齡、性別、教育、財富、抽菸、喝酒及慢性病等因素影響，經由統計分析發現，把這些因素加以控制後，分數處於最高四分之一者的死亡率，還是比最低四分之一者降低了三十%。

這個研究顯示「幸福感」這種心理狀態，對健康與存活具有保護作用。

由此可見，**「快樂」與「健康」不僅互補，而且有幸福感的人可能較長壽。**所以要促進健康，除了從「良好的生活型態」如運動、飲食和睡眠著手，還可以從「快樂」和「幸福感」著手。

快樂是可以學習的

有些人天生快樂、非常樂觀，不管多麼不如意或壓力多大，都能輕易化解。有些人卻多愁煩憂，對事情常持負面看法。

幸好，快樂是可以學習的：

一、常和快樂或正面思考的人相處：快樂是會感染的。跟快樂的人在一起，會放鬆、愉快；與愛抱怨的人相處久了，也會跟著抱怨、不快樂。

二、養成正面思考的習慣：凡事往好的方面想，對人往好的方面看，遇困難則轉念，自然會覺得幸福。

三、心存感恩：珍惜目前所擁有的親情、友情、工作、興趣等等，不要與人比較。

四、多接觸愉快的事物：如看喜劇片，讀幽默小品，並時常在心中回味。

我相信每個人都能找到快樂的撇步，養成習慣，會更快樂健康，健康快樂。

人生中，何時「等得」？何時「等不得」？

等等吧……旅行團秒殺了

在社群網站上看到一個剛推出的優質旅遊行程，問朋友要不要一起參加，她說「等等吧」，她要想一想。幾天後，我們決定報名，卻已額滿了。

在現今秒殺的社會，「等」好像沒有容身之處。「等一會兒」讓我們錯失了很多機會。

但是，「等」，常是治療中的一環。例如動過手術，就「等」傷口復元；患肺炎在打了抗生素後，就「等」療效。

醫院裡的「等」

有時，「等」，不做什麼事也是一種治療，這叫做「觀察」。當然，在等的期間不能掉以輕心，有任何變化就要立即就醫。

有位九十六歲的老太太在家中跌倒了，沒有外傷。但她在跌下時，頭部撞到牆壁。

家屬送她到急診室檢查，做了腦部的電腦斷層發現，左側有個一・七公分厚的硬腦膜下出血，判斷出血應有一段時間了，不是當天發生的。

神經外科醫師認為應該動手術，把血水引流出來，以免壓迫到大腦。然而，家屬認為母親年事已高，又有許多慢性病，加上手術得做全身麻醉。而且母親目前人清醒，手、腳的行動都正常，於是選擇等等看，在門診繼續追蹤。

兩個月後，經電腦斷層發現血水消失了。原來，老人家的大腦萎縮了，在腦殼下多出的空間，剛好可以容納血水，不會因壓迫大腦而產生腦水腫，而且血水會由組織慢慢自行吸收。

「等」，更是診斷的重要幫手，當病情尚未明朗時，需要觀察。

例如有些巴金森氏症患者一開始可能只是走路變慢。而走路變慢有許多原因，如年紀大、關節或脊椎疾病。等到其他症狀陸續出現，如手抖和肢體僵硬，才能確診是巴金森氏症。

當然，還是有許多急症如癲癇、腦中風、休克等突發性症狀，不能等，需緊急就醫。

生活裡的「等」

「等」，也是一種伺機。

在空中盤旋的老鷹倏忽衝下，抓起地面上的小雞後騰空而去。之前的上空徘徊是在等待好獵物、好時機。

就好像有人在網路上密切觀察股票或機票，在最優惠的價格時，立刻

你怎麼看待老年，它就怎麼回應你

按鍵成交。

「等」常讓我們心焦，如音樂會即將開演，手中有票的那個人卻遲遲不來，讓等在門口的人引頸期盼，徘徊跺腳。

再看看坐在開刀房外的等候區，眼睛直盯著顯示病人動態螢幕的家屬，就知道等待有多難熬。

又如痴痴地等一個人開竅或回心轉意，恐怕一輩子也等不到。

優雅地「等」

不過，我覺得可以優雅地「等」。在銀行和郵局等機構抽了號碼牌後，找個地方坐下，不怕別人插隊，可以滑手機、看書、閱報，或好整以暇地環顧四周，等待叫號。

我也覺得等待有時是一種希望、一種甜蜜的期待。如等候與心愛的人見面、等孩子長大、等外鄉的遊子回家過年、等回家吃母親的拿手菜、等加薪、等中獎、等壓歲錢、等寫作靈感降臨，甚至排長隊等買好吃的包子……雖然要等，但都讓人心情愉悅。

把握每一次做決定的機會

我們能做到在「該等」的時候，平心靜氣地等，「不能等」的時候，立刻採取行動嗎？

恐怕很難，因為很多情境都不是自己可以掌控的。

但可以做到的是，**不管選擇等或不等，都不要責己怪人。而是從經驗中學習，告訴自己：「等下次機會來臨時，要好好把握。」**

多出來的時間，你都怎麼利用？

從另一個角度，來看疫情餘波

COVID-19在二〇二〇年初開始流行時，臺灣即嚴陣以待，一般民眾不能出國、不聚會、少出門，只能宅在家。

當學生突然被告知老師生病了不上課，或公司的會議臨時取消，這忽然多出來的一兩個小時，無論是用來嬉戲、聊天、放鬆或趕進度，感覺都是賺到了。那麼，我們是否也在這段疫情期間，無意中成就了一些事情？

廚藝精進

減少了外食。雖然叫外賣很方便，但吃多了，難免還是想吃家常菜。尤其平常難得聚在一起的家人都在家，家庭主婦想盡辦法，包括從網路搜尋，天天變出不同菜色，廚藝大為精進。

疫情趨緩，我在一家生意很好、座位很擠的餐廳吃飯，無可避免地聽到鄰桌兩位熟年男士的對話，內容竟然是分享如何在家煮出一碗好吃的麵。

體態豐潤

不能到處趴趴走，加上許多運動中心暫不營運，廚藝也精進了，體重不增也難。幾個月沒見的朋友怎麼臉圓了，肚子好像也多了一圈。想朋友看我，也應如是吧。

看見住家附近的美好

有些朋友反而體態輕盈、身子結實，原來是每天早晚都在住家附近的公園、堤岸、步道或街道，健行約萬步。心跟著靜下來，才發現住家附近原來也有好風景。

凝聚親情

一家子整天在一起，難免有摩擦，甚至有家暴的新聞出現。但此時也是凝聚親情的好機會。例如朋友住在國外的孩子回臺後，因班機取消了飛不走，留在臺灣，除了與父母一起追劇、打麻將，還有了番深度長談，化解了彼此之間小小的心結。

修補身體

臺灣因疫情控制得宜，醫療資源不虞匱乏，一般手術不受影響，甚至因就診病患減少而排程容易。有些人乘機就醫，處理皮膚的小腫瘤或開疝氣。像我就動了腰椎手術，之後剛好在家休養。

有位朋友則去做了美容除斑，因為大家都戴口罩，臉部紅腫看不到，只覺得疫情怎麼讓她變得更漂亮了。

原來眼睛也會笑

有位朋友說原以為大家都戴口罩，只露出眼睛，不用化妝、不塗口紅，與人碰面時，臉上也不用有表情。沒想到原來笑的時候，眼睛會瞇起來，有時還成了一條縫。所以儘管戴口罩，笑意、臉色還是藏不住。何況我們還有點頭、招手等肢體語言呢。

我是這樣把時間留給自己

多看書，勤寫作，體驗視訊開會與遠距上課，這是我主要的活動。早上努力閱讀家中閒置許久的新書，並寫讀後感；下午靜下心來寫作，讓專欄文章提前交稿。

許多會議因疫情而改為線上會議，我學習如何加入視訊會議，不要誤開麥克風或鏡頭，以免讓自己和家中亂象顯現於畫面中。

另外，直播會議不僅省了交通往返，而且在家聽演講，一邊喝茶、削水果或做做伸展運動，學習效果也很不錯。

當我們慢慢走出對病毒的不安與焦慮，生活逐漸恢復到原本忙碌的常態時，再回想疫情期間的不便、沉潛、慢活與耐心，會是一種很不尋常的經驗。

挺住了，一切好談

高中三年，我不快樂

出生於臺灣中部小鎮的我，功課一向是前三名。然而，高中如預期地考上了北一女，卻是我人生第一個重大挫折。

身材矮胖、滿臉土氣，國語又不標準的我，面對一群德智體均優、口齒清晰、身材適中的同班同學，自卑感油然而生。

而且，無論我怎麼用功念書，成績總排在第十名左右。那些功課好的同學還參加樂隊、儀隊和演講比賽，帥氣、活躍，成績依然名列前茅

你怎麼看待老年，

它就怎麼回應你

——怎麼可能這麼全能？

有一次，我在無意中聽到兩位同學的對話，一個說她有偏頭痛，另一位說偏頭痛的人比較聰明。我連偏頭痛都沒有，真氣人！

我的挫折還包括——唉，居然考進了一所真的把德智體群當一回事的學校。

星期天，我得獨自去學校練習跳遠和跨低欄，因為第二天的體育課要考試。還特地到中華商場買《嘆息小夜曲》的唱片，因為音樂課老師會隨機叫學號，被叫到的同學要站起來唱前一堂課教的練習曲。我讀小學和初中時，音樂和體育課都隨便混過，只要告訴體育老師「我生理期間，不太方便跑動」，就可以在教室裡休息呢。

高中三年，並不快樂，只與幾位鄰座的同學走得較近。其中一位還與我搭配考排球，我發個球給她，她漏接；換她發球，我也讓球落地，此項兩人都考零分，同病相憐，卻也建立起患難情誼。

不是我差，是別人太強

我考大學聯考時，醫科被歸於丙組，於是高三時，我們理組的兩班重新組合為甲組和丙組各一班。當時有保送制度，我們班有多位優秀同學獲保送上了臺大。功課比我好的都保送了，剩下來的同學，功課比我好不到哪裡去——這麼一想，突然自信心回來了！說不定運氣一來，我就有機會榮登丙組狀元。只要考上狀元，記者便會登門造訪，在報紙上光耀門楣，超神氣的！

自認聯考考得不錯，尤其是三民主義的問答題回答得言簡意賅，還提早交卷。我志得意滿地告訴母親，如果記者來訪問，請她要穿哪件衣服拍照會比較好看。

父親在一旁聽了，嚴肅地告訴我：「狗不嫌家貧，兒不嫌母醜。」我聽不懂，父親還寫在紙上，意思是說孩兒不能嫌自己的母親醜，何況我

你怎麼看待老年，

它就怎麼回應你

母親還是美人胚子（喔，這點沒遺傳給我）。

結果聯考放榜時，我名列臺北醫學院醫科第四名。父親看著報紙上的榜單，對我說：「怎麼跟你說的差這麼多？」我聳聳肩，答：「我也不知道啊！」仔細看，臺大醫科前三名都是我的同班同學，丙組狀元的確在我們班上，只是沒落在我頭上，可見我的預測也不算太離譜。

成績單寄來了，原來是三民主義考不及格，真是大意失荊州啊。

後來我才知道，全班五十三位同學，連保送在內共有十五位進臺大醫科，總共近四十位進入臺大。這還不包括有些同學因志趣而不填寫臺大醫科，或因家境關係而把師大填寫在前面。

那時我才恍然大悟，不是我差，是別人太強！

誤打誤撞闖進了高手班，幸好我挺住了，只要能撐住，一切都好談。

人生的挫折來得愈早愈好。年輕時彈性佳、韌性強、可塑性高，只要挫折不是大到令人承受不住，一次又一次的挫折，只會讓自己變得更堅強。

多年之後，我在臺北榮總當神經科醫師。有天清晨，走在病房通往門診的陽光長廊上，忽然想起當初沒考進臺大醫科雖然扼腕、遺憾，但幸好沒考入，否則與那十五位進入臺大醫科的菁英同學相處，會不會是當年高中生涯的再版？

五十年後，領悟父親當年的愛

雙親去世多年，今年掃墓時，眼前突然浮現當年父親叫我吃飯的情景。得知榜上與臺大醫科無緣的那天傍晚，彩霞滿天，我照例上二樓屋頂的平臺，欣賞夕陽和遠處搖曳的椰子樹影。

父親上樓來，叫我下去吃晚飯。當時覺得有點奇怪，因為會叫孩子吃飯的從來都是母親，威嚴的父親只端坐在餐桌前。

站在墳前，雙手持香祭拜的我，頓時領悟：原來當天是父親擔心我會跳樓，特地上來察看啊。

父親對小女兒的愛，如此含蓄、內斂，又如此深厚。穿過了半個世紀，剎那間溫暖了年屆七十的我。

十八歲痛哭的事，六十八歲發現其實不重要

半世紀後的醫學院同學會

十八歲進入醫學院，在六十八歲時，踏入**「醫學院入學五十週年同學會」**的餐會當下，心中有點忐忑，怕同學們認不出我。

幸好，大家都掛著名牌。有人凍齡，一照面就能叫出名字；有些經過歲月洗禮，仔細端詳才能看出昔日面貌。

這場同學會，國內外的八十三位同學連同眷屬，共一百二十九人參

加。先追思十一位已往生的同學，接著，每個人按學號上臺，談家庭、事業、興趣及分享人生智慧。

同學們專長於不同的科別、場域，無論是開業有成、行醫偏鄉、進入公職或任教於醫學中心，各領風騷。大家共同的語言是「幸福」和「感恩」，並感謝另一半或細心照料家庭，或共同打拚事業，牽手走過數十年。當年的三對「班對」上臺互相感謝，伉儷情深，溫馨動人。

大家坐六望七，人生大致塵埃落定，好比湍急水流逐漸趨緩，心中靜好，不需比較，既讚賞同學們的成就，也珍惜自己走過的足跡。

活得精采，也要老得勇敢

「我們是幸運、美好的一代。」一位內科醫師同學的話最引起共鳴。

的確，我們沒經歷戰亂，能專心念書。剛行醫時，受的是「望、聞、問、切」與病情分析的傳統醫學教育，累積臨床經驗；接著與科技接軌，各種掃描儀器與基因生物檢測接踵而來，學習上網閱讀醫學期刊，終身學習，跟上時代的腳步。而今，老來難免生病，但醫療資源豐富，更是受惠良多。

一位骨科醫師同學則說出了同學們的心聲：「當年我們都不是第一志願考進來的。」

不同於今日的臺北醫學大學，當時，臺北醫學院篳路藍縷，專任老師很少，沒有自己的附屬醫院。五、六年級時，早上輪流在臺北市各醫院見習，有的醫師認真帶我們，有的放牛吃草；下午再回到學校上課。

當時到北醫的三十七路公車是大部分同學的交通工具，常在車上交流訊息。

不過也就是在這種缺乏資源，覺得沒人要、沒人管的氛圍下，我們自己看書，找機會學習，展現強韌的生命力與堅定的同學情誼，幾乎在哪個科別都能勝出，在哪個地方都能生存。

而且，因為沒有「第一」的光環與壓力，反而在運動、詩文、繪畫、攝影、歌劇和農事等方面得以自由發揮。退休後，這些實力更加發光、發熱，臥虎藏龍的同學們在同學會時都跑出來了。例如有位骨科醫師同學即興作詩，「半個世紀一轉眼，四十三年不相見，借問老翁你是誰？只識名牌不識臉。」

一位小兒科醫師同學說，當年他只差三分，沒考上臺大醫科，痛哭流涕。有位長輩告訴他：「這是小事，只要好好地念，以後都是一樣啦。」**病人需要的是會看病、會溝通、醫術好、專業精的醫師，而不是哪個學校畢業。**那時以為長輩是敷衍安慰，到今日才體會其中深意。

的確，**有些我們以為不得了的大事，多年後卻是雲淡風輕，另有一番風景，凡事要往長遠看啊。**

你怎麼看待老年，

它就怎麼回應你

醫師當然也會生病，幾位同學分享他們病痛治療的經過。其中一位罹患肺癌的內科醫師同學，十年來經歷幾次癌症復發，每次都積極治療，病情起起落落。這次上臺坐在椅子上講述他的心路歷程，令人動容且感佩。

活得精采，也要病得勇敢。

許多事情都能重來，只有健康無法取代

人生難料，珍惜現在，更要積極面對未知的病痛。**許多事情都能重來，只有健康無法取代。**

我們互相鼓勵，希望七年後，也就是醫學院「畢業」五十年後再重聚，期待那時候能見到更多同學。

三

年老卻不衰老

旅行能增加認知存款，
運動能帶來健康長壽。

吸收醫學新知，促進老年健康如「金」

身體漸漸老化了，怎麼去面對？

數月前覺得兩眼乾澀，眼球轉動時會痠痛，非常困擾，於是就醫。眼科醫師經過詳細檢查後，告知是眼瞼的「瞼板腺」因老化，導致分泌的油脂層不夠，讓淚液揮發過快，而造成「乾眼症」。建議我用溫熱毛巾熱敷眼睛幾分鐘，每天數次，症狀可大為改善。

當我把溫熱毛巾蓋在眼皮上時，忽然覺得這個動作有點眼熟。原來是記起七十多歲還在開店做生意的父親，常把熱毛巾敷在臉上，幾分鐘後熱氣退了，家人立刻為他換上熱毛巾，之後他眨眨眼睛，一副很舒服的樣子。回想起來，當時父親大概也是瞼板腺退化導致乾眼症，憑著經驗想出了這個好法子。

我也想起以前與七十多歲的母親出門時，催促她動作、走路要快點。她回應：「等你老了，你就知道。」

沒想到轉眼之間，自己也邁入七十大關，不再輕盈矯健。終於覺悟，我正在走父母以前走過的路。

從醫學新知中，學習因應年老之道

臺灣已是高齡社會，**二〇二〇年，六十五歲以上的人口占十五．七%，也就是每七個人之中，就有一名老人。**

平均壽命高達八十一歲（男性七十八歲，女性八十四歲），表示若沒有意外發生，我可能還有十多年的餘命，相當於一個人從出生到小學高年級至上國中的時間。只是這段期間，體能漸差，隨著老化而來的慢性病也可能逐一上身。那麼，從「初老」到「老老年」（old-old age，八十五歲至九十四歲）的這一程，要怎麼走？

當然，**「年老」並不等於「衰老」。不僅每個人老化的速度不同，各個器官、系統老化的程度也不一樣，還受到基因、環境和生活型態等許多因素影響。**因此，我們除了從父母身上看到自己的老年未來，也可從醫學新知中，學習因應之道。

成為穿「金」戴銀的活力銀髮族

二〇一九年十月，在臺北舉行了「第十一屆國際老年醫學會亞太地區會議」，為期五天，會議內容豐富，常有好幾個議題同時在不同會場進行，讓人分身乏術。而老年學（gerontology）、老年醫學（geriatrics）和老人福祉科技（gerontechnology）的進展，更讓我深受鼓舞，對未來充滿希望。

其中，令我印象最深的是澳洲紐卡索大學的茱莉・拜爾斯（Julie Byles）教授的演講。她主導一個從一九六六年開始的「澳洲婦女的健康研究」。其中一組是七十至七十五歲的婦女，共一萬兩千四百三十二位，每三年追蹤一次，評估其是否有慢性疾病，以及走路、上階梯、提日用品或重物等體能。到了二〇一一年，有五千九百二十八位存活者（八十五至九十歲）。研究發現，其中十四%（八百三十九位）的體能極佳，在十五年間只有少許退步。

經由統計分析發現，**老年時還維持極佳的體能者，與他們在「初老」時就多運動、不肥胖或過重、不抽菸、會處理收入及高教育程度有相關性。其中，以「運動」最為顯著，因而到了「老老年」時，縱使有慢性病，但並未失能。**

大會中還介紹了老人福祉科技的發明，如來自丹麥簡單、有趣的運動器材，可激發老年人的運動動機，提供安全、有效的運動方式。還有遠端科技和各種輔具的研發等，更可培養老年人獨立自主的能力，減少照顧者和社會的負擔。

正如拜爾斯教授所說，戰後嬰兒潮的前段班已邁入七十大關，銀髮閃閃，如果能努力維持健康的生活型態，健康如金，就能穿「金」戴銀地步入「老老年」。

做好準備，大齡族照樣快樂出遊

珍惜每一個旅行的日子

以前還在醫院工作時，每年會參加國際醫學會，趁著大會的前後一兩天於異國城市自行逛逛，或參加當地一日遊，這樣蜻蜓點水式的旅遊，對於專心工作的我就很滿足了。

退休後，開始參加旅行團，探訪不同國家的風景名勝和風土民情，享受旅遊的樂趣，並拓展視野，開闊心胸。十多年來，雖然體力隨著年齡漸減，又歷經頸椎和腰椎手術，但我從沒放棄旅遊，反而更珍惜，也累積了些許心得。

團體行，選口碑好的旅行社

網路上，旅行社推出的路線和價位琳瑯滿目，看得我眼花撩亂，無所適從。後來請懂得旅遊的朋友挑選，我跟著走就是了。

另外，我也會探問參加過的朋友，口碑好的旅行社較不會出錯。

但即使選對了旅行社，天候是無法掌控的，同行的遊客更無從選擇，那就只能隨緣了。

銀髮人跟團，最好有朋友或家人同行

參加旅遊團，固然可以認識新朋友，但如果團裡出現怪咖，意見超多、抱怨不停，或不準時集合等，則會破壞旅遊的興致，甚至影響行程。而且通常是兩人一房，如果落單而與不相識的團員同室時，彼此適應是一大考驗。

因此，最好有一位朋友或家人同行，萬一發生意外，也可互相照顧。國外旅遊常會長達一至兩個星期，遊覽車上的座位更是個學問。常有人一上車就搶前面的座位，而且就此固定，難免會有人嘀咕，希望每天換座位。

領隊有時會請大家把前兩排留給會暈車、身體有狀況或年紀大的人坐，但參加旅遊的銀髮族愈來愈多，誰讓誰啊。

自由行，更要有充分的準備

不少人會自行規劃旅遊行程後，請旅行社代辦，找的團員都是家人、社團成員、朋友或朋友的朋友，年齡層接近，同質性高，相識相知，彼此體諒，自然玩得愉快。

二〇二〇年開始，因疫情關係，只能國內旅遊，三五親友在非假日開車或租車自由行一兩天，不趕行程，說說笑笑，更是愜意。

除了客觀條件，照顧好自己也很重要，尤其年紀愈大，需要注意的事項更多，有了周全的準備，才能安全、快樂地出遊。

藥請帶足，且要量力而行

心肺功能不佳者，不宜到高海拔旅遊。手腳不靈活者，不要參與高山活動。即使到了目的地，發現有難度時，也不用走完全程。

例如我曾和五位好友開車到太平山，走非常熱門的山毛櫸步道。當時飄著小雨，最後的一段陡坡泥濘不堪，即使有登山杖支撐，還是可能會滑倒。

我想到自己在七個月前才動了腰椎手術，繼續走實在非常不智，於是一位好友陪我原路轉回。

雖然沒能親眼看到山毛櫸，但仍享受了山林的懷抱，且欣賞其他同伴所拍攝的山毛櫸葉片轉黃的美照，也挺不錯。

長期服用的藥物，如降血壓藥等，要隨身攜帶，且準備兩倍的量，以便行程耽誤時不斷藥。

重要疾病的診斷書，如失智症或接受過的重大手術，也要不離身，以備不時之需。

欣賞、開放和包容，出遊會更開心

退休後，趁著身體還勇健，先走高山和遠途的旅程如歐洲；年齡漸大，則走短程如日本、臺灣的好山好水。但是不管去哪裡，欣賞的眼光、開放和包容的心態，才是旅遊的開心泉源。

多旅遊，降低心血管疾病風險

從旅行中學習，活化大腦

二〇一九年五月曾參團到紐西蘭旅遊。回程在南島的基督城機場，要搭紐西蘭航空到北島的奧克蘭時，發現沒有航空公司的櫃檯服務，只有一具具站立的自助報到機器。

這種機器，得自己把護照放上去，照著指示，依序按鍵。最後機器會列印出登機證和行李條碼，再把條碼繫上行李，自行把行李放上托運帶，就完成了登機手續。

其實桃園機場於二〇一八年開始，就有這種自助登機服務，只是使用的人不多。領隊說，這種自助登機是國際趨勢，像日本為了因應原本要在二〇二〇年舉行的東京奧運，而即將帶來的大量遊客，也開始全面推動自助登機，以節省時間與人力。

我從退休後，便開始跟團旅遊，不再自由行，主要是不必花腦筋規劃，只要能走，就可跟著導遊，專心遊山玩水，賞心悅目，心情愉悅。沒想到在基督城機場不得不學習自助登機，讓我領悟到**旅遊也是一種學習，而且是多方位學習。**

到了一個新的國家，觀察當地人的穿著、舉止與互動，參觀博物館，到超市看看標價、並與臺灣的物價比較，且嚐嚐當地食物，可以增長見聞、開拓視野與腸胃體驗。如果以前到過這個國家，比較其前後的景氣、生活與物價，其經濟興衰更可作為臺灣的借鏡。

離開了生活舒適圈，來到新地方，一切得自己負責，如看好自己的行李與錢包。更不要觸犯當地的禁忌，比如在印度，不要想吃牛肉；在伊斯蘭教國家，則不要提豬肉。又如，在左駕的國家如日本、紐西蘭，過馬路要當心，先看右邊、再看左邊來車，以防意外。

參團，也像參與一個新世界

參團雖然輕鬆，但還是有基本規則要遵循，例如記住團體集合的地點與時間，才不會耽誤大家的行程。

團體成員來自不同的背景和年齡層，其中還有許多小團體，如夫妻檔、家人、同學與朋友等，猶如一個小小世界，因此，遊覽車座位與用餐的桌位都有一些潛規則。

有人活潑聒噪，有人嚴肅寡言；有人愛拍照，有人喜購物。**如何在旅遊這幾天或幾個星期內愉快相處，互相幫忙、包容和欣賞，甚至建立新友誼，也是一種學習。**

出遊多走路，對健康更有益

每天在旅遊景點的走路是很好的運動，有益健康。

美國的佛萊明罕研究（Framingham study），對七百四十九位、四十五至六十四歲無心臟病的婦女追蹤二十年後，發現其中有六十九位出現心肌梗塞、且有十位死亡。

以統計分析控制其年齡、抽菸、血壓、膽固醇與糖尿病等有關變數後，發現**「不常度假」也是得到心肌梗塞的危險因子之一**，尤其以家庭主婦最明顯。而六年或六年以上才度假一次的家庭主婦，罹患心肌梗塞的機率是每年至少度假兩次者的兩倍。

美國另一項研究，是針對一萬兩千三百八十八位、有心血管危險因子的三十五至五十七歲男性。追蹤九年後，也發現較常度假者死於心血管疾病的機率，比不常度假者少了二十九%，推測可能是**度假有利紓壓，因而降低了心臟病死亡的風險。**

可見，旅遊不僅是親近山水，無形中也有助於練腳力、動腦學習，並能降低心血管疾病風險。所以如果時間、體力與經濟狀況允許，多多旅遊吧！

熟年要「腳勤」，健身、健腦又舒心

一個人也可以做的運動，就是「走路」

日本電影《佐賀的超級阿嬤》中，八歲小男孩被單親的母親送到佐賀鄉下與阿嬤同住，卻在貧窮中活得有聲有色。最令我印象深刻的是男孩想和同學一樣學劍道或柔道，但這些裝備都要花錢，於是阿嬤要他學跑步，說跑步也是一種運動，而且不用花錢。男孩果然很努力地跑出好成績，並練就了健康的身體。

同樣地，**熟年族如不想花大錢，而且隨時隨地一個人也可以做的運**

動，就是「走路」。

體力好的時候，可以與親友登山或自行慢跑；年齡漸大了，則改走山丘步道、河邊堤岸、公園小徑，或到大賣場、百貨公司漫步，甚至每天到傳統市場走一遭，只要持之以恆，都可達到健身效果。

「規律運動」有助於降低死亡率

早在六十八年前（一九五三年），一篇發表在《刺胳針》期刊的論文提出了研究發現：倫敦雙層巴士司機的心冠狀動脈疾病發生率，比需要常走動的巴士車掌高。可見「活動」比久坐有益健康。

後來也有大量的醫學文獻顯示，「規律運動」除了能讓人心情好、精神足、睡得好、平衡佳、少跌倒，還能降低罹患慢性疾病的機率或減輕其症狀，如高血壓、糖尿病、大腸癌、乳癌、心血管疾病、失智症和骨質疏鬆等，並降低死亡率。

因此，「多運動」也常常成為醫師開給病人的口頭處方箋，而且不需健保給付。

運動量要多少才夠：「持續做」，讓時間為健康加分

運動量要多少才夠？

根據個人的年齡、體力與是否罹患疾病，而有所不同。**原則是愈多愈好，但需量力而為，最重要的是「持續做」，讓時間為自己加分。**

根據美國衛生及公共服務部於二〇一八年公布的「第二版身體活動指南」，對成人的建議是——

- **每個星期至少要有一百五十至三百分鐘的「中等程度運動」**：如快走、打排球、清理庭院。
- **或是每個星期至少有七十五至一百五十分鐘的「強度運動」**：如慢跑、提重物或參與體能訓練。

游泳與騎單車可視為中等或強度活動。而慢走與做家務雖是輕度運動，但有動總比不動好。

根據臺灣國家衛生院發表於二〇一一年《刺胳針》期刊的八年長期追蹤研究，發現相較於不活動的人，**只要每天運動十五分鐘，就可降低十四%的死亡率，相當於增加了三年壽命。**

哪些類型的運動對健康有效：選擇最適合自己的運動

哪些類型的運動對健康有效？

其實是根據各人的喜好、方便性與經濟能力，選擇最適合自己的運動。把運動當作日常生活的一部分，才會持之以恆，也才有效果。

有一篇於二〇二〇年發表的論文，就探討了運動類型與死亡率的關係。追蹤兩萬六千七百二十七位、十八至八十四歲的美國成年人十七年後，共有四千九百五十五人過世。

經過統計分析，發現在此研究所列的十五項運動中，**「走路、有氧運動、伸展、舉重、騎自行車和爬樓梯」**這六種運動，有助於減少七％至二十二％的死亡率。可見「走路」是簡單易行又有效的運動。

「健行」的好處更全面

走路固然好，但如果能和朋友或團體到山林間、野外或郊區「健行」更好。

走入大自然，不僅可健身、練腳力與平衡，且能欣賞風景，認識樹木、花草，再加上呼吸新鮮空氣，聽蟲鳴鳥叫，享受森林療癒，釋放壓力，減輕焦慮，會令人覺得神清氣爽。此外，還可以交友聯誼。所以健行不只是健身、健腦，也舒心。

健行時，也要注意安全。比如以下這幾點：

- 不要一面走路、一面拍照，以免跌倒。
- 穿上滑鞋，備妥防晒用品，攜帶簡單的雨具、飲水，還有少許乾糧，以避免低血糖。
- 隨身帶健保卡，以備不時之需。
- 膝蓋不好的人，最好使用登山杖，有助於平衡，還可以防野狗。
- 最好與人同行，可以互相照顧。但如果是熟悉且好走的步道，則可以一個人隨時、隨興地去健行。當你在獨行時，會感覺與大自然更接近。

銀髮族的我每天都會外出走走，不管是辦事情、買日常用品或散步，**走個四十分鐘或五千步並不難。再加上每個星期一次，與朋友到郊外健行一到兩個小時，就很容易達到運動量的標準了。**

我愛健行

每一趟健行，都是一場感官的饗宴

既沒有年輕人的精力去泛舟或登百岳，也不時興上健身房練肌肉，像我這種喜歡親山水、接地氣、舒心、健身、練腳力的銀髮族，最好的方法就是背起小背包，和三兩好友到家附近的小山丘健行。

臺灣的許多地方都有健行步道，路線的難易不同，風景有別。我最喜歡**臺北市內、外雙溪的「翠山步道」與連接的「碧溪步道」**，因為交通超方便，在士林搭二五五路公車，約三十分鐘車程在終點站下車，就是翠山步道的入口。

順著好走且多變化的步道，呼吸新鮮空氣，但見天光雲影，盡是美景。時而石板、石階，時而泥地、木棧道，平坦路與上下階梯交替，最後從另一端的碧溪步道出來，再經產業道路到至善路三段，搭小十八路公車回到士林，約兩個小時的腳程，輕鬆、愉快。

我的祕境步道

不過，自從翠山步道這處祕境曝光後，近年來成為熱門景點，人來人往的，好不熱鬧，卻少了以往的寧靜。

四月時，在接連下了幾天雨之後的一個陰天，和好友走進翠山步道，很難得空蕩蕩的。偶爾遇見三兩結伴或獨行客，互相點頭、道早，各自安靜地健走漫步，感受到大家對這片山林的尊重與愛護，好好享受蟲鳴鳥叫的天籟之聲。

走向青山，也走出自己的生命力

翠山步道兩旁綠蔭夾道，山風習習，清涼舒適。進入這片翠綠世界，偶爾幾簇「曼陀羅」點綴其中，粉紅、橘黃、雪白的大花朵大剌剌地盛開，不覺突兀。淺紫紅的「杜虹」小花也不羞怯地自在展顏，在一片蒼鬱綠茵中，忒是動人。

往前，林木森森，幾片「紅楠」的嫩葉紅得亮眼。右邊山壁上，整片的蕨類植物，一直往上延伸，大部分是墨綠的「鬼桫欏」。偶見一株高挺的「筆筒樹」，中間幼葉捲曲，鑲著金黃色的鱗片，宛如一個毛茸茸的問號。

經過舊時的靶場廣場，左邊豁然開朗，視野寬闊，厚厚的雲層下，遠觀山巒起伏，先是觀音山，繼之為小草山和鵝尾山，望之心曠神怡。

看遠山，也不忽略腳邊山壁上的小花。白色的「白花蛇根草」，淺紫的「哈哼花」（又名「抱壁蟑螂」），小巧而惹人憐愛。

五色鳥低沉如敲木魚的叫聲一路相伴，偶爾幾聲清脆的不知名鳥叫聲非常悅耳。安靜的時候，風聲從耳邊拂過，掉落的葉子好像也帶點輕嘆。

春色固然宜人，其他的季節也各有特色，或於雨中漫步、或於寒風裡疾走，都有不同的意境與樂趣。

不管什麼時候來訪，我只要專注於腳下，看看樹根盤錯，欣賞步道兩旁的樹木花草，領略生命力的堅韌；打開耳朵，聽聽鳥叫、風聲。偶爾佇足，深呼吸幾下，感受靜默的愉悅和大地的包容，再眺望蒼鬱遠山，頓覺心胸開闊。

健行，走進大自然，不僅可以健身、練體力、交誼、陶冶心情，並有助於預防癌症、失智症等疾病。這片山野的洗禮、感官的饗宴，無形之中，更在我們生命中注入了活水。

四

一起預防失智

多動腦、多活動、
多做家事、多與人互動，
可以降低失智風險。

朋友相聚，「快樂食堂」防失智

下廚加聊天，防失智的要素，「聚餐」全包了

一年多前，認識了幾位六十歲左右的女性朋友，她們是臺北市某社區大學的同學，每個星期會和老師一起走走步道，既能強身、交誼，又可以增長知識。最近，她們成立了一個「快樂食堂」的LINE群組，我欣然加入。

我們每個星期舉行一次餐會。聚餐選擇在中午，因為中午可以放心用餐，不用擔心增加體重，且不影響晚上的家庭生活。

六到八位好友固定到其中一人的家中相聚。主人提供場所、咖啡和各

種在地食材，有時會請每個人分攤一兩百元，讓大家比較有參與感。

大家分工合作，有的洗菜、切菜、炒菜、端菜，有的切水果、準備甜點、泡咖啡，並合力做出一道主菜、一道湯、青菜和其他小菜。像最近這次是紅燒肉，搭配來自臺東的新鮮金針花炒木耳、金針花湯、白煮蛋和陽明山地瓜。大家很包容，讓我只是遊走見習。

大快朵頤之後，一行人從餐桌轉往沙發喝咖啡，天南地北地聊天，分享旅遊和人生經驗。

聊天時，有人問我：「如何預防失智症？」

我笑著說：「我們現在就在預防失智症啊！」

因為聚餐前，要先動腦，思考何種菜色與配料，如何兼顧好吃又健康，再去採買；做菜時，雙手忙碌，走來走去地活動不停；餐後聊天，休閒又動腦，而聚餐本身就是一種交誼活動。

失智症雖然不是能夠完全預防的，但醫學文獻告訴我們：多動腦、多活動、多做家事、多與人互動，可以降低罹患失智症的風險。而我們的

「快樂食堂」就包含了每一項，更是對降低患病風險有幫助。

年紀愈大，「共餐」更是重要的社交活動

現代人獨自用餐的情況愈來愈常見，有時是因工作忙碌，只得單獨匆匆地用餐；更多的則是退休者因子女另外成家，或老伴不在，面對空巢，常常獨自用餐或簡單外食。

如果能與家人、親友或相處得來的人共餐，不僅菜色樣式較多，談笑之間互相勸食、夾菜，胃口大開，不知不覺會吃得較多，也較快樂。即使是不愛吃飯的小孩，在學校用餐時，看到別的小孩子吃，不也就自動吃起飯來了嗎？可見食欲是會互相感染的。

共餐也是一種社交活動，這在老年人當中尤其明顯。

以一篇發表於二〇一二年《營養、健康與老化》期刊的論文為例，這是一項針對日本超高齡務農山區「土佐町」的研究。當地六十五歲以上

的居民占四十％。共有八百五十六位居民（平均七十七歲）接受各種問卷調查，其中，兩百八十四位（三十三・二％）常單獨用餐。

研究發現，與家人或他人共餐者相比，單獨用餐的人明顯出現了憂鬱症狀，且生活品質較差、吃的菜色種類也較少，因此鼓勵老年人多與家人、朋友或鄰居一起用餐。

好友相聚，是預防失智症最快樂的方法

六十歲至七十歲是人生的黃金時代，事業有成或已退休，經濟穩定，兒女都已獨立，但自己的體力仍然不錯，可以趴趴走，或是參加團體、到社區大學學習新知。

此時，若能結交一群合得來的朋友，無論是定期或不定期地一起下廚、聚餐，不僅有益身心，而且若持之以恆，直至老年，相信是預防失智症最快樂的方法。

擔心會失智，需要提早檢測？

「阿茲海默症」占所有失智症的六成

有一回，在一個社團演講「假如我得了失智症」主題，現場的提問非常踴躍。有位社友問：「我有個住在美國的朋友付費做了檢查，被告知他將來會得阿茲海默症，他非常沮喪。請問您怎麼看待這件事？」

這位社友並不知道朋友是否有失智症的家族史、目前是否有症狀，以及自費檢測的項目，所以我無法直接回答他的問題。但是，這個提問卻引出了一般人所關心的議題：

認知正常的人，需要經由檢驗，來預測自己是否會得阿茲海默症嗎？

失智症是長壽的隱憂，占了六十五歲以上人口的五％；且隨著年齡的增長而增加，到了八十歲約二十％，九十歲則將近一半。其中，**以「阿茲海默症」最為常見，占所有失智症的六成左右。**

除了比例低於五％的阿茲海默症是因自體顯性遺傳的基因突變所造成，且發病年齡通常小於六十五歲，**大多數的晚發型阿茲海默症的病因不明，但與高齡、低教育、少活動、高血壓、高血脂和中風等危險因子有關。**

檢查結果只能提供罹病的「機率」，並非定案

阿茲海默症的確切診斷，要靠大腦解剖，也就是看在腦組織中，是否出現大量的「類澱粉斑塊」（乙型類澱粉蛋白）與「神經纖維纏結」（tau

蛋白）。這兩種病變在臨床症狀出現的二、三十年前就開始在大腦慢慢堆積，直到腦細胞不勝負荷，無法繼續維持正常功能時，才出現失智。

因此，多年來，專家、學者們致力於尋找阿茲海默症的生物標記，包括：血液或腦脊髓液的類澱粉蛋白或tau蛋白的濃度、腦部葡萄糖正子攝影、類澱粉蛋白正子攝影、tau蛋白正子攝影，以及載脂蛋白基因（ApoE）檢測等。

這些檢查具有學術研究價值，並且對新藥研發的療效評估有貢獻，但都有其敏感度與特異度。檢查的結果，只能提供「罹病機率」（高危險群或低危險群），而無法百分之百診斷或預測將來是否會罹患阿茲海默症。而且，低危險群的人也不一定就不會罹患阿茲海默症，更何況目前阿茲海默症還無法根治，即使是高危險群，也沒有可在尚未發病時給予預防的藥物。

因此，**一般並不建議認知正常、且無失智症家族史的人，接受這些檢測作為預測工具。**

多存「認知存款」，增加大腦的韌性

近十多年來，美國的許多大型流行病學長期追蹤研究，包括廣為人知的「修女研究」（The Nun Study），都不約而同地發現其研究族群中，約有三分之一生前並無失智症狀的老年人，在死後進行大腦解剖，發現有阿茲海默症的病理變化。

這顯示有些老年人，即使大腦有相當程度的類澱粉斑塊與神經纖維纏結，但**因為受教育、多動腦等，平常累積了「認知存款」（強化認知功能）**，或者其他因素的影響，臨床上並未失智。這是個令人振奮的訊息。

以一篇來自芝加哥羅許醫學中心（Rush University Medical Center），發表於二〇一三年《當前阿茲海默症研究》期刊（*Current Alzheimer Research*）的論文為例。針對兩千七百三十八位無失智症的社區老年居民和神職人員，每年做詳盡的認知功能測驗，以評估是否有失智症，直到參加者去世，追蹤長達十八年，並且做大腦解剖，以確診是否有阿茲海默症或中風等腦病變。

稍早的期中分析顯示，在一百三十四位沒有失智症的老年人之中，三十七%（即五十位，平均年齡八十六歲）的大腦，卻出現明顯的阿茲海默症病變。顯示這些年長者的大腦因有足夠的「認知存款」，故可以代償或抵銷阿茲海默症腦病變所帶來的損害。

這種認知正常、卻有大腦病變的不一致現象，代表大腦擁有一定程度的「韌性」或「彈性」。

這篇論文發表時，已有九百六十六位參加者接受大腦解剖。經分析，發現「大腦韌性」隨著年齡增長下降，跟著教育年數（受教育多少年）上升，而且與社經地位高、閱讀能力強、過往經常從事休閒活動成「正相關」；而與載脂蛋白基因第四型（ApoE-ε4）成「負相關」（具有載脂蛋白基因第四型的人，罹患阿茲海默症的機率較高，但不一定會得到）。

再進一步把所有的相關因子都列入統計分析後發現，只有「閱讀能力」和「過往經常從事休閒活動」，與大腦韌性有關。休閒活動包括七種從兒童、青年到中年時期參與的，比如看電視、聽廣播、看報紙、讀雜誌、看書、遊戲（如打撲克牌）或下圍棋等，以及參觀博物館。

多閱讀、多動腦、多休閒，降低失智風險

因此，我回答這位社友，不管他朋友的檢測結果如何，「多閱讀」、「多動腦」、「多從事休閒活動」，可降低罹患阿茲海默症的風險。

而且，儲存足夠的「認知存款」以增加大腦的韌性，即使大腦有了病變，也可能不發病，達到預防失智的目的。

預防阿茲海默症，「聽媽媽的話」就對了

阿茲海默症的高風險群？

朋友付費把唾液寄到美國一家基因檢測公司，發現具有載脂蛋白基因第四型的同型結合子，是阿茲海默症的高風險群。

他說：「我要好好地計畫下半輩子該如何活了。」

每個人都要預防阿茲海默症

阿茲海默症是最常見的失智症，致病原因不明，只有低於五%的比例是自體顯性遺傳的基因突變。

目前已知的基因突變有三種：APP、PSEN1和PSEN2。如果父母之一帶有此基因，子女遺傳到的機率為五十%；而另五十%不具此基因的子女，得阿茲海默症的機率與一般人相同。

載脂蛋白基因有三種類型：ε2（第二型）、ε3（第三型）和ε4（第四型）。每個人的載脂蛋白基因，是來自於父母各一的對偶基因。

大多數人都具有兩個ε3（ε3/ε3）。如果帶一個ε4（ε3/ε4），則罹患阿茲海默症的機率為ε3/ε3者的二到三倍。若從父母各得一個ε4（ε4/ε4），即同型結合子，機率則提高到五至八倍。而相反地，ε2會降低罹患機率。

但這只是機率問題。具載脂蛋白基因第四型的人，罹患阿茲海默症的機會比較大，可是不一定會得到。未帶載脂蛋白基因第四型者，也不見得就不會罹患阿茲海默症，只是機率較低。

既然人人都有機會，所以不管是否具有載脂蛋白基因第四型，大家都要預防阿茲海默症，也就是要努力維持良好的生活型態。

阿茲海默症目前只能針對症狀治療，而從二〇〇三年的「NMDA拮抗劑」藥物後，就沒有新藥上市。原本被看好的一項單株抗體的新藥臨床試驗，也因療效不佳，而於二〇一九年宣告終止。

有一篇發表於二〇一九年七月《美國醫學》期刊的基因研究，追蹤十九萬六千三百八十三位、平均六十四歲的無失智症者，發現即使是阿茲海默症基因的高危險群，透過良好的生活型態，也能減少三十二%的罹病機率。

可見，**「良好的生活型態」是預防阿茲海默症最好的方法，而且愈早開始愈好。**

多動腦

大腦是「用進廢退」的，動腦的時間愈多，腦的活動力愈高，則預防阿茲海默症的效果愈好。

如讀書、看報、寫作、聽演講或廣播、看電影、玩橋牌、打麻將、玩數獨、唱歌或玩樂器等，都能增加認知功能的存款，以便禁得起將來疾病的提領。

規律地運動

培養一種自己喜愛、且適合自己的運動，並持之以恆。

如游泳、健行、打太極拳等，或者至少每天走路四十分鐘，但不用一次走完，可以分段加總。

你怎麼看待老年，它就怎麼回應你

多活動

積極參與社團、志工或宗教活動，多與親朋好友互動，不孤立，不憂鬱。

睡好覺

每日盡量睡足七個小時，並且不熬夜，養成良好的睡眠品質。

採用「地中海式飲食」

- 多吃蔬果、豆科植物、五穀雜糧、堅果與橄欖油。
- 適量吃魚、喝乳製品或紅酒，及少量肉製品。咖啡、綠茶、紅茶、咖哩和黑巧克力，在飲食上也都有加分。

好好治療疾病

若有糖尿病、高血壓或高血脂，要好好治療。

這些方法聽起來是不是很熟悉？就好像小時候媽媽的囑咐：「要努力讀書，多運動，要合群，不熬夜，多吃蔬菜，要愛護身體……」

研讀醫學文獻後，才發現要預防阿茲海默症，原來「聽媽媽的話」就對了。

長期壓力大，當心形成失智危機

「精神壓力」與失智症有關嗎？

三十年前，有位罹患阿茲海默症的七十多歲女士在出院時，抱著病房的棉被不放，說是她花錢買的，堅持要帶回家，讓我印象深刻。

她的兒子問我：「母親生活在鄉下的舊式家庭裡，長年勞苦，婆婆又非常嚴厲，導致精神壓力很大。她是否因此而得了失智症？」

我雖然同情，但婆媳不和的情況並不少見，因而回答說長年的精神壓力，應該與失智症無關。

的確，占所有失智症六成的阿茲海默症，只有不到五%是基因突變所造成；而真正的致病原因至今不明，但有些已知的危險因子，如高齡、教育程度低或不動腦、高血壓、糖尿病、高血脂、老年憂鬱症、載脂蛋白基因第四型、直系親屬有阿茲海默症等，其中並不包含精神壓力。

然而，近二十年來，「精神壓力」逐漸受到醫界及大眾的重視。

反覆或慢性的壓力，使身體長期緊張

面對壓力，人類會啟動體內的兩大生理系統。

一、**腦幹的交感神經，分泌「腎上腺素」**：主要是因應對身體有威脅的急性壓力，如感染、氣溫驟變等，以提供要打鬥或快速逃走時，所需的生理變化。

二、**「下視丘—腦下垂體—腎上腺系統」，分泌「類固醇」**：主要是因應急性和慢性精神壓力，如上臺演講、長期失業或家庭破碎等。

同時，身體的許多系統也會跟著動起來，例如：心跳加快、血壓升高，血液中的白血球跑到需要的部位等。如此，當壓力來了，生理系統便迅速反應；當壓力解除，生理反應跟著恢復正常。這是適當的、有益的壓力反應。

但是，當精神壓力反覆發生或變為慢性，身體的生理系統疲於奔命，或是長期處於備戰的緊張狀態，將導致血液中的「類固醇」濃度持續偏高。

由於大腦中，掌管「記憶」的海馬區與司管「情緒」的杏仁核的神經細胞，有類固醇接受器，因而會受到影響，使人出現焦慮、失眠和記憶減退等症狀。

研究推論：「精神壓力」可能會誘發認知功能減退

許多動物實驗都發現，反覆或慢性的壓力，會使老鼠的海馬區神經細胞的樹突變短、突觸數目減少，抑制神經細胞再生，且大腦會出現類澱粉斑塊與神經纖維纏結的「阿茲海默症病變」。

近二十年來，不少流行病學研究也顯示，精神壓力與阿茲海默症有所關聯。

例如發表於二〇〇三年《神經學》期刊（*Neurology*）的一篇論文，追蹤八百零六位、平均七十五歲的美國神職人員，每年接受心智測試。在研究的一開始，請他們填寫了一份「神經質量表」（neuroticism scale）問卷，共有十二道題，如「我常覺得緊張、不安」。分數愈高，表示愈有精神壓力的傾向。

追蹤四年九個月後，有一百四十位罹患阿茲海默症。研究發現，當初「神經質量表」的分數位於最高十%的參加者，後來罹患阿茲海默症的機率，是量表分數最低十%者的兩倍。這顯示了慢性精神壓力，可能是阿茲海默症的危險因子之一。

另一篇來自希臘的論文，發表於二〇一〇年《精神病學研究》期刊（*Psychiatric Research*），發現一千兩百七十一位、平均七十四歲的失智症患者中（其中六成是阿茲海默症），有七十八％在失智症發病之前，都有嚴重的精神壓力，依序為重大疾病（如手術）、家庭問題、配偶死亡、手足死亡等。

而一百四十位年齡、性別相當，但無失智的對照組，只有五十五％有嚴重的精神壓力。

研究人員因而推論：精神壓力事件，可能會誘發認知功能減退。

運動、玩樂、紓壓，對大腦有益

這些研究告訴我們，**精神壓力（尤其是慢性精神壓力）可能會誘發失智症，是阿茲海默症的危險因子之一。**

雖然就算有這項危險因子也不一定會發病，但這是可以預防或因應、調適的。

每個人承受壓力的能力不同，受到年齡、性別、基因、個性、成長背景等的影響。每個人也都可以找出適合自己的紓壓方式，如運動、散步、旅遊、美食、唱歌、聽音樂、看電影或連續劇、與好友聊天、放空或冥想等，甚至有人戴上琥珀的飾品就覺得很放鬆、愉快。

醫療不斷進步，醫學觀念也常常更新，甚至會讓人覺得今是而昨非。身為現代人，唯有保持開放的心胸，既不執著，但也不照單全收。

因此，最近有位朋友被診斷出罹患了輕度阿茲海默症，他的家人問我，是不是與他最近幾年來，與事業夥伴的經濟糾紛有關。這次，我就不敢斷言說完全沒有關係了。

阿嬤變回小女孩？原來是失智的幻覺

「視幻覺」，帶著重度失智阿嬤重回兒時

我熟識的一位八十二歲重度失智阿嬤，白天幾乎都在睡覺，晚上卻精神奕奕，睡在一旁的看護半夜常被她吵醒。

看護不安地向我反映，躺在床上的阿嬤，眼睛看著天花板，嘰哩呱啦地像在與什麼人對話。她只聽得懂簡單的幾句：「免啦」、「好啦」……而且阿嬤常滿臉笑容，有時還帶點害羞的表情。

我跟看護說，不必害怕。日夜顛倒的阿嬤，晚上是活在另一個時空

裡，因為生動的「視幻覺」帶著她穿越了時光隧道，在那個世界裡，她是個備受父母寵愛的小女孩，正與小時候的玩伴們快樂地嬉戲呢！

當阿茲海默症的類澱粉斑塊和神經纖維纏結，逐漸攻占了老太太的大腦，她聽不懂話、也不會表達。說話少了，缺乏與人互動，加上行動不便，與外界逐漸疏離。可是**在她依然活躍的內心裡，渴望情感、希望交流，於是，殘餘的記憶在腦海裡，創造了另一個活生生的「熟悉」世界。**

在那兒，老太太是個活潑、可愛的小女孩，和玩伴們在公園裡追逐，聽到街上賣冰棒的吆喝聲或賣碗粿的三輪車鈴聲，立刻飛奔回家，向母親要零錢去買來吃，好滿足喔！

當我們說起「想當年」，也像回到過去

其實，一般人或多或少也會在時光隧道裡，快速地來回穿梭，例如：「我長大後……」或「想當年……」。

你怎麼看待老年，它就怎麼回應你

比如小時候，你是否常想像自己長大後要當大學生、找到好工作、擁有自己的房子、過著安定而滿足的生活？若腦海中不時浮現自己戴畢業方帽子的得意神情，就會更努力念書，最終心想事成。

在成長過程中，若是受到委屈或打擊，覺得自己一無是處時，腦海中會浮現小時候被父母呵護的情景，回到那個「我可是有人愛，是父母親的寶貝喔！」的小女孩或小男孩，傷痛立刻受到撫慰。

當工作不順遂或表現不如人時，想想當年自己是如何堅強、能幹，一關闖過一關，產生「以前能，現在當然也能！」的信念，頓時變得自信心十足，勇往直前。

沒有失智，也常在「轉換思維」

不僅穿梭於時光之中，我們也常常來回於不同的腦海世界。

比如，當嚴肅的科技專業文章讀煩了，或埋首於電腦、打學術論文累了，會到客廳打開電視，看看劇情離奇、英雄美人的古裝劇；或拿本小說、散文集，讀個幾頁。這主要是讓自己「轉換頻道，暫時脫離現實」。

腦筋的弦一緊一鬆，理性與感性交織，有時用左腦，有時用右腦，更有時左、右腦並用，得心應手。就像有些傑出的科學家，同時也是虔誠的基督徒，實證數據與宗教信仰雖是不同的面向，但兩者並不衝突，而且互補。

我的一位女性朋友有一次從學校開車回家時，讓同事和他的妻子搭便車。

在車上，三個人閒聊。她隨口說：「有時我做實驗、寫論文，搞得一個頭兩個大，就去廚房洗洗碗、切切菜或擦擦地板，可以不用動腦筋，讓大腦休息。再回去工作時，效率就好多了。」

她一講完，車子裡一片沉寂。

到了同事家門口，同事的太太迅速下車，「砰」地把車門用力一甩，不發一語，頭也不回地離去。

她這才猛然想到，同事的太太是家庭主婦，一定是被她剛剛那番話觸怒了。但她完全沒有看輕做家事的重要性，只是工作與家事用的是不同思維而已。

失智者的心靈，進入了令他們安心的世界

失智者穿越時光隧道，活在另一個世界，我們也可以「轉換思維」來看待並接受。

有些小孩子不也會把心愛的娃娃或小熊當作真實人物，不僅愛護有加，且與其講悄悄話，甚至還會有個假想的、只有他自己能看見的「好朋友」，與之對話，父母都不以為意，認為這是成長的過程。

又如才一兩個月大的嬰兒，獨自躺在床上時，有時會對著天花板微笑，老一輩的人都說是「床母在逗著嬰兒玩」呢！

可見，不管是哪個年齡都可能在不同的時空中，找到另一個安心的、溫暖的世界，讓心靈得到撫慰和鼓勵。也許失智的長者也不例外吧？

失智變嚴重，最好別再戴假牙

失智母親沒胃口，原來是因為戴假牙不舒服

朋友的母親九十二歲，罹患失智症多年，生活起居由子女們悉心照顧。但朋友說，最近一年來，母親吃得很少，即使是一向最喜歡的食物，都只嚐了一兩口就不吃，總說「飽了」、「吃過了」或「不餓」，人明顯瘦了一大圈。

子女每天最大的願望就是母親能多吃幾口東西，因此想盡辦法哄誘、烹煮好吃的家鄉菜，或帶她到以前常去的餐館，但都沒奏效。

你怎麼看待老年，

它就怎麼回應你

朋友擔憂高齡的母親如此消瘦下去，不僅可能營養不良，且怕會危及生命，甚至一度考慮以鼻胃管餵食。但母親肯定不願意。最後她想，既然母親看起來好像沒什麼病痛，也只好接受「失智症患者的食欲會改變」的觀念。

有天，朋友幫母親清理口腔時，發現牙齦有些出血，原來是右下方的四顆活動假牙的金屬支架太緊，嵌入了牙齦。她這才想起，過去，這副活動假牙一向是由母親在睡前自己拿下來清洗。後來母親的失智情況逐漸變得嚴重，不記得要拿下來。家人雖然早、晚都有幫母親刷牙，但是都沒有戴假牙的經驗，因此沒注意到假牙要每天拿下來清洗。

老太太不讓家人動她的假牙，於是朋友只好帶母親到牙醫診所求助。醫師很高明地一下子就把假牙拿了下來。

沒戴假牙後，老太太開始主動吃東西，而且胃口甚佳。有一次還雙手拿著香煎羊小排，吃得津津有味，連續吃了三塊。

過了一陣子，她的體重明顯回升，人變得有精神，笑容也回來了。

原來是**嵌入牙齦的支架造成了不舒服，讓她無法、或不願咬東西，卻又因失智了而不會表達。**

這下子，問題解決了。朋友高興地說，全家團圓的聚餐，一家人就能吃得很輕鬆、愉快了。

失智者戴假牙，有不少意外狀況

有些失智長者會忘了睡前要把活動假牙從口腔拿出來，有些則是起床後忘了戴上，或逐漸不懂得如何戴上；甚至有人把全口假牙從口裡拿出來，在手上把玩。因此，家屬得特別留心。

當失智症狀逐漸嚴重時，最好不要再戴活動假牙，以免發生併發症（如朋友的母親）**或意外。**

美國就曾有個病例，敘述一位罹患失智症和巴金森氏症的七十三歲男士，活動假牙掉落了，吞進去後卻卡在咽喉，造成喉嚨痛與呼吸困難。

耳鼻喉科醫師以喉鏡把活動假牙夾出來，才解決問題。

如果因為少了活動假牙，影響咀嚼，可以改吃比較軟、且容易消化的食物。

而且，如果失智長輩有蛀牙、牙周病等需要治療時，趁著還是輕度失智時趕快處理，才比較能與牙醫師配合。

要有好胃口，「牙齒的健康與舒適」也很重要

失智長者的體重常會改變。少數人吃過了，卻以為自己沒吃而重複地吃，變得很胖；但**大多數的人是由於胃口變差或因為患了其他疾病，導致食量變小，體重減輕。**

對於食量減少的失智長者，在排除了憂鬱症和腸胃科方面的病因後，一般會以各種方法來促進食欲，比如食物要色香味俱全，不必侷限於少油、少鹽，餐具樣式要鮮明可愛，用餐環境要舒適，而且要長者喜歡的

人陪他用餐等等，卻常常忽略了，「牙齒的健康與舒適」，對於維持或增進食量來說，也是很重要的一環。

能吃就是福。美食當前，有好的牙齒，才能好好地咀嚼，釋放出食物的滋味，讓腸胃好好地吸收，不僅能維持營養，使身體健康，且令人心滿意足。

在享受美食的同時，可別忘了在我們口腔內，辛苦把關的牙齒。

帶失智的親人出遊，用「單選」更貼心

與失智的朋友同遊

「陳教授您好，我是秀枝。」

「我當然知道你啦～」

那天在臺北火車站集合，看到陳教授夫婦，我愉悅地上前打招呼。顯然他不記得我了。

他的太太張教授和我同屬一個社團。七十六歲的陳教授以前經常參加我們的活動，但三年前被診斷罹患輕度阿茲海默症後，就較少現身。

我們社團舉辦「阿里山日月潭三日遊」，團員和親友共二十二位。因為主辦人精心規劃、領隊負責、團員友善，張教授自己也需要喘息，於是便偕同陳教授參團出遊。

失智了，能不能旅遊？

失智症患者是否能旅遊？

這要視患者的病情輕重，以及旅遊地點、行程節奏、交通工具與照顧人力等而定。

輕度失智者的認知功能雖然減退了，但是在一般生活起居上，只需要少許協助。失智者仍能感受風景之美，享受當下之樂，且還可與人對話、聊天（儘管事後可能不記得），甚至會像小孩出遊般地興奮。所以只要有人隨時跟在旁邊，以免走失，是可以出遊的。

若是有親友多人同遊更好，比如到國道休息站或風景區的洗手間時，張教授都會在男廁所外面等陳教授，其他男士也會幫忙看著。

而重度失智者，或合併有幻覺、妄想或譫妄（一種急性精神混亂，通常在幾小時或幾天內變得神智不清、注意力不集中，而導致記性差、人地時混淆、躁動不安，出現視幻覺和妄想等，且症狀時好時壞）等，有精神行為問題的失智者，則較不宜出遊。因其不僅無法享受旅遊，且可能造成同行者困擾，甚至會加重病情。

失智了，能不能搭飛機？

失智者不宜長途飛行。

以發表於二〇一七年《英國精神病學期刊通報》（*BJPsy Bulletin*）的一篇報告為例，有位輕度認知障礙（阿茲海默症的前身）的七十三歲男士，從蘇格蘭搭機前往澳洲。在下機時，他突然變得躁動不安，妄想有納粹劫機。在澳洲住院後，做了腦部磁振造影與腦波等的許多檢查，但所有檢查都沒有新的發現，不過，他的妄想、遊走與激動，需要以抗精神藥物控制。住院四個月後，他才回到英國，但家人已無法照顧，便把他轉住長期照顧機構。

這是個特別嚴重的例子。醫師找不到他的譫妄發作與精神行為問題的誘發因素，但認為很可能與長途飛行的勞累、陌生環境與機艙壓力的變化有關。

因此，建議**失智者的飛航時間最好少於四個小時，而且在飛機上要多喝水、不喝酒、穿著舒適，且最好隨身攜帶熟悉的小物件，較有安全感。**

若不確定是否適合出遊，建議先嘗試短程，比如車程只需一至兩個小時或半天。若可以，再逐漸加長至需要過夜的行程。

帶失智者出遊，還有哪些細節要注意？

與失智者旅遊的注意事項還包括：

一、**重要文件隨身帶**：隨身攜帶診斷書或殘障證明，以備不時之需。

二、**藥物隨身帶**：正在服用的藥物數量要「加倍」攜帶，萬一旅程延誤時，才不會缺藥。

三、**防走失的資料隨身帶**：失智者要佩戴預防走失的手鍊、或有衛星定位的裝置，或是在衣袋裡放置有姓名與電話的字條，甚至在內衣繡上姓名與電話。有些人把敬老卡或健保卡掛在脖子上，也是個好主意。萬一當照顧者轉個身或拍個照，失智者不見人影時，才有機會找回來。尤其有許多輕度失智者的身手還很矯健，更要預防走失。

四、**行程輕鬆走**：行程不要太緊湊，並預留足夠時間，才不會匆忙緊張，誘發失智者的焦慮和躁動。

給失智者「單一選項」

這次旅遊，我們用餐時大多是吃合菜，張教授幾乎都幫陳教授布菜。

張教授解釋，陳教授雖然可以自己夾菜，但常常難以選擇，不知何處下箸，有時甚至不記得是否吃過，這都會讓他很困惑。所以她才幫忙把菜餚夾到他的小盤子裡。

張教授還分享了**「讓失智者有單一選項，而不易困惑」**的其他實用撇步。

例如，在家中的浴室裡只放失智者個人的盥洗用品，他就能很自然地取用。此行的旅館浴室裡，擺了洗髮、潤髮、沐浴和乳液共四個小瓶子，聽著丈夫嘴裡喃喃自語：「搞不清楚……」張教授就拿掉其中三瓶，只留下洗髮精，才解決問題。

還有，陪著失智者買衣服、鞋子時，只要試過合身、合腳，就直接替他選好，並對他說：「剛才你說很喜歡這一雙、這條褲子最合身……」

諸多細節，處處有張教授對失智老伴的用心與愛心。

與失智親人同遊，不僅讓失智者享受當下的快樂，也是同行者凝聚親情、留下美好回憶的機會。

就像十五年前，兩位姊姊與我帶著九十二歲的失智母親，到日本福岡自助旅行三天，雖然母親常把福岡當成臺北，但溫馨的感覺，多年後，仍時時湧上我的心頭。

五

積極照顧健康

生活有目標，
維繫社交人脈，
健康的生活型態。

瘦身，如何聰明地吃？

減重不只靠少吃、多動

最近見到雙和醫院的劉文德醫師，發現五十歲的他明顯瘦身了，且精神奕奕，充滿活力。在過去七年中，他的體重從九十公斤逐漸降到六十四公斤（BMI值二十．九），足足減了二十六公斤。

「為什麼減重？」我問。

他說：「我這也不全是為了形象……」

原來是因為他的許多病人都有「睡眠呼吸中止症」，而肥胖是此病的危險因子。既然他勸病人減重，自己當然要以身作則。而且，減重還可以降低罹患三高（高血壓、高血脂、高血糖）和癌症等風險，也是間接替健保節省預算。

「減重，不就是少吃、多動嗎？」我又問。

他說：「這種靠意志力少吃的方法很難。縱使成功，也不易持久……」因此，要聰明地吃，騙騙自己的大腦，使大腦得到飽足感，自然就會少吃，而達到減重目的。

劉文德醫師舉出了許多撇步，其中兩項，我認為比較容易做到。

用餐的三十分鐘前，先吃點東西，防止吃過量

第一，在飯前三十分鐘先吃點東西，如水果、餅乾等。

因為在進食三十分鐘後，血糖上升，讓人不覺得餓，這時再用餐就不會過量，體內的胰島素濃度也比較穩定。

此法簡單，只要把飯後水果或甜點挪到飯前三十分鐘就好了。

但這豈不是與我們從小聽大人說的「就快要吃飯了，不要吃零嘴，要不然飯會吃不下」完全相反？那是因為小孩要長高、長肉，而成年後的身材只會往橫的發展。

以最適合自己的方法，細嚼慢嚥

第二，細細地慢嚼，因為讓食物留在口腔的時間長一點，放大食物的感覺，讓大腦感到飽足，就不會多吃。現代人忙碌，一個便當可能十分鐘就解決，快得像一陣風吹過，留下的卻是體重。

但要細嚼多久呢？一個三角飯糰至少要吃上十分鐘。聽起來有理，不過，其實**每個人要想辦法找到最適合自己的方法**。例如專注在食物上，體驗食物在舌尖的感覺和滋味，想想它的佐料有哪些，咀嚼多次後才吞下。

另一個方法反而是要**轉移對食物的注意力，以拉長用餐的時間。**

也許可以比照西方人正式用餐時注意社交，常常說話的時間多，久久才吃上一口。比如親朋好友們聚餐時，不妨著重於聊天敘舊，若不交談就細嚼慢嚥，慢慢品味。而不是興高采烈地一面講話，同時大快朵頤，不知不覺中就吃得過量，甚至連吃了什麼都沒注意。

平常如果獨自用餐，可以每吃一口，停下來滑滑手機、翻翻雜誌或報紙，或者看電視三分鐘。如此拖拖拉拉，雖然有違傳統的用餐方式，卻不失為方法之一。

另外，把布丁或豆漿冷凍結冰後再吃，吃的速度變慢，也有放大食物感覺的效果。

延後享用，並以想像來激勵自己

我自己還有一個學習「棉花糖實驗」裡，小孩延遲享樂的方法。

有時，我會把中餐留一部分，作為晚餐或點心，延後享用，並想像自己因為少吃而瘦身的模樣，也能奏效。

量力而為，不過度瘦身

這些經驗分享只供需要減重的成年人參考，但也要注意營養均衡。更要**搭配運動**，**以增強肌力**，像劉文德醫師就是每天晚上打一個小時的乒乓球。

而且，每個人的身體狀況和生活型態都不同，不能一概而論，需要斟酌與嘗試，才能找到適合自己的方式。

聲音「變老」了，怎麼保養？

年過五十歲，聲音就會開始老化

有一回到電臺錄音，邀請單位讓我朗讀從新書中摘錄的十個段落，每段錄音時間七十五秒。我很喜歡這項新鮮的嘗試。

但是當播放試聽時，我狐疑了：「這是我的聲音嗎？怎麼這麼蒼老、如此低沉？」不過，好像顯得更具有說服力。

回想我四十歲時，曾打電話到一家書店詢問是否有我要買的書。去店裡取書時，店員問我：「剛剛打電話來問的人是你女兒嗎？」讓我樂不可支。之後的三十年，我一直以自己的年輕聲音為榮。

其實**人年過五十歲，聲音就會開始老化。**有時只聽聲音，不見其人，也可以猜出對方大概的年齡。只是聲音老化所帶來的不便，不若視力、牙齒老化，也不如髮蒼蒼來得顯著。

「老年性嗓音」若嚴重，有方法改善

與人類發音有關的器官包括：一、喉部，主要是聲帶；二、肺部和上呼吸道；三、臉部肌肉、口腔與鼻竇等共鳴腔。

這些器官的病變會影響聲音。如：上呼吸道感染時，嗓子會沙啞；缺牙時，講話易「漏風」；聲帶長繭時，聲音會嘶啞；顏面神經痲痺，則導致語音不清；而巴金森氏症患者的語調平淡、單調等等。

當老年人的聲音改變時，排除疾病因素後，可能就是「老化」所造成。

比如音量較小、音頻變低、沙啞低沉、出現抖音、聲音不能持久、音色較不飽滿，而且在嘈雜的環境下，聲音更讓人聽不清楚。因此才會聽到有些老年人說：「我在合唱團本來是唱高音部的，現在變成低音部了。」

聲帶是由兩片黏膜皺褶狀的構造組成，每一片黏膜皺褶包含上皮層、固有層與肌肉層。當聲帶老化時，固有層的彈性減少、肌肉萎縮，使得聲帶變薄、且較僵硬，在發聲時，聲帶無法全部閉攏，而出現「老年性嗓音」。

根據國外的流行病學研究，**約有十％老年人受老年性嗓音所苦。加上聽力可能也退化了，因而變得不愛參與社交活動，容易憂鬱，影響生活品質。**

因此，若情況嚴重時，可以尋求專業的語言治療，或是看喉科醫師，在聲帶注射藥物或添加物等，有助於改善情況。

日常「保養聲音」的七個簡易方法

年紀漸長，無論是否出現老年性嗓音，平常都需要注意聲音的保養。

一、**常喝水**：讓喉嚨的黏膜保持潤滑。

二、少抽菸：菸會讓喉嚨乾燥，且煙的熱度可能會傷害聲帶。

三、避免吃辛辣食物：尤其是有胃食道逆流的人，長期有胃酸刺激喉嚨，造成喉嚨乾燥，聲音容易沙啞。

四、不大聲叫喊：不過度使用聲帶。如果從事需要大聲說話的工作，則每個小時要讓聲帶休息五分鐘。

五、感冒時，更要讓聲帶休息，少說話。

六、規律運動，姿勢挺直：不僅能讓身體較健康，還可以加強腹肌，使得發聲更順暢。

七、每天大聲朗讀十到十五分鐘，或者每週至少唱歌一次：聲帶和喉頭的肌肉與身體的其他肌肉一樣，愈鍛鍊，則肌力愈強。許多歌唱家到老年時，聲音不見老化，可能與長期的聲帶訓練有關。

二〇〇六年，美國名歌手安迪・威廉斯（Howard Andrew Williams）在臺灣舉行演唱會，七十九歲高齡的聲音仍然柔美、動聽，就是個例證。

若你遇見「巴金森氏症」

縱使得了巴金森氏症，也有光鮮亮麗的權利

之前參加一個女性成長團體聚會，輪到一位六十歲出頭的優雅女士發言。她患了巴金森氏症。

她說，幾年前和先生到一間機構辦事，趁著她先生剛好走開時，櫃檯小姐笑咪咪地說：「你先生很愛你喔！」

她問：「怎麼說呢？」

櫃檯小姐回答：「你病成這個樣子，又行動不便，要人扶持，他還肯

帶你出來。」

她聽了，心中一沉，真後悔多此一問，早知道只要笑笑或說聲謝謝，不就得了。

不過這件事也讓她領悟到，**雖然是病人，還是得盡量維持自立、自強的形象，才能得到別人的尊重。**縱使得了巴金森氏症，也有光鮮亮麗的權利。

此後每天，她一定把自己打扮得整整齊齊，尤其外出時更是如此。而且更積極地與醫師配合，按時服藥，並依病情調藥。每天在家做溫和的運動，努力復健，要做一位模範病人。

她告訴大家，行動不便是因為生病，而**生病並不可恥，需要的是別人適時地幫忙，但不需要憐憫。**

巴金森氏症，有藥物可治療

巴金森氏症是第二常見的神經退化性疾病，僅次於阿茲海默症。

巴金森氏症的病因是中腦的黑質組織的神經細胞退化，導致多巴胺分泌減少，造成在休息狀態時會顫抖、僵硬，還有行動緩慢和平衡不佳等症狀。

通常，症狀從單側的手、腳開始，逐漸擴散到兩側肢體、身軀，影響到平衡與轉身，需靠輔具行走，生活也需要有人幫忙。但每個人疾病的進展速度不同，而且可以用藥物控制。

然而，巴金森氏症並非只是動作協調性的問題。巴金森氏症病人也可能會出現憂鬱、焦慮等症狀，更可能因為手抖、講話慢、面部表情僵硬和動作遲緩，自覺形象變差，而不願與人接觸或參與社交活動，逐漸變得孤立。

巴金森氏症的平均發病年齡是六十歲。

流行病學研究顯示，在六十歲以上的人中，約有一％罹患巴金森氏症，但有少數人在五十歲以前就發病，稱為「早發性巴金森氏症」，例如美國影星米高・福克斯（Michael Fox）在三十歲時，被診斷有巴金森氏症。可見巴金森氏症並不如想像中的少見，你、我都可能遇到。

巴金森氏症是第一個有藥物治療的神經退化性疾病。在一九六〇年初期即發現左巴胺的療效，而且此後一直有新藥出現。近年來，視丘下核深部腦刺激術，也是治療方法之一。

巴金森氏症患者，容易被誤解

有一次，我參加國外旅遊團，其中有位先生一看就知道是巴金森氏症患者。他雖然動作稍遲緩，手有點抖，步伐小，身體有些前傾，但是走步道、逛景區，都跟得上團隊的步調。除了請他坐遊覽車的前排，比較好上、下車外，大家沒有對他另眼看待。

然而，**一般人不大了解巴金森氏症，甚至會誤解其症狀，例如把「說話慢」當作是認知障礙，「動作遲緩」認為是缺乏運動，「平衡差」以為**

是喝酒或服藥太多，「手抖」表示焦慮或睡眠不足，而「面部缺乏表情」則是不友善。

親友患了巴金森氏症，我們該如何應對？

請慎重地看待這是一種疾病，表達關心，請對方好好接受治療。如果不曉得要跟對方講什麼話才好，那就不要講，也沒關係。

千萬不要給強烈的個人意見或隨便下斷言，以免造成傷害，例如：

●「你這麼好的人，怎會得這種病！是不是上輩子做了什麼壞事？」──生病不是犯錯或遭受懲罰，生病更是與道德或修養無關，無論好人、壞人都是會生病的。

●「你的手都沒抖，怎麼會是巴金森氏症？我手抖得很厲害，也沒得到巴金森氏症啊！」──也許說話者是動作性手抖，也就是拿東西、夾菜時會抖。不像巴金森氏症是在休息狀態時，手會顫抖。看似同樣的症狀，但細節不同，診斷也可能不同。

- 「你根本沒病，多運動、多走路就會好的。」多麼不切實際又不負責任的話。

把病人當作平常人尊重

一般人如果在路上、餐廳、捷運車廂等公共場合，遇見巴金森氏症患者（或是行動不便的人）該如何？

我們的眼光很自然地會落在病人身上，但是在短暫的注目後就不要一直盯著對方看，或交頭接耳地議論。

如果對方需要幫助，可以適時、適當地給予協助，例如幫忙攙扶、讓出空間或座位（但不是躲閃）。

有時，把病人當作平常人看待，是對病人的一種尊重。

記不住，可能是「失語」，不是失智

反應變遲鈍、記性也變差，是失智嗎？

某個餐敘場合，同桌有對年約八十歲的陳姓伉儷，先生安靜，太太健談。聊天之間，太太談及他們一個星期前從歐洲旅遊回來後，先生的反應變得比較遲鈍，記性也變差了。

有天搭高鐵，鄰座乘客告知自己是屏東人，陳先生卻轉頭對太太轉述鄰座是宜蘭人。還有一次，需要在表格上填寫出生年月日，他竟然忘了，握著筆寫不出來。

陳先生有高血壓病史，按時服用藥物，控制良好，且行動自如。陳太太本來想也許是他年紀大了，這些症狀可能是因時差而一時調不過來的關係，但情況一直沒改善，於是問我：

「我先生這種情況是失智症嗎？是大腦退化嗎？」

中風造成失語症，所以「知道，但講不出來」

我想，如果連出生年月日都想不起來，那是「長期記憶」有問題。而轉頭就把屏東人說成宜蘭人，則是「立即記憶」與「近期記憶」都受到影響。但立即、近期與長期記憶同時受損，並不符合失智症逐漸減退的一般病程。而且，症狀在短短的一個星期內發生，陳太太還能明確地指出時間點，應該也不是大腦退化。

剛好陳先生的餐盤裡有塊牛排，我問他：「您的盤子裡是什麼？」

他想了一下，指著牛排說：「這個好吃。」

我說：「是牛排嗎？」

他高興地回答：「是。」

答案浮現出來了，陳先生應該是「失語」，而不是失智。很可能是因為言語的理解與表達有問題，讀、寫當然也受影響，讓他有時聽不太懂，有時表達錯誤。尤其是名詞與數字的表達，特別困難，因此，他把屏東說成宜蘭，出生年月日的數目字寫不出來，而且說不出「牛排」，而以「這個」來代替。

所以陳先生是**「知道，但講不出來」，而不是「忘掉」**，應該是左腦有局部病變。

考慮到是餐敘場合，不好說得太詳細，讓他們擔憂，因此我說：「陳先生明顯是有問題，但不是退化，也不是時差問題，應該盡早去看神經內科。」

後來，陳先生做了腦部磁振造影檢查，果然發現左腦顳葉有缺血性腦中風，在接受藥物與復健治療後，症狀逐漸進步中。

陳先生的案例，帶來兩點省思——

中風的症狀，千變萬化

一般人熟悉的中風症狀，是單側手腳無力或嘴歪眼斜。但其實**中風依其損傷的部位，而會有許多種不同的症狀。**

如果中風部位在左腦額葉或顳葉，是以「失語症」表現。若中風部位在左側枕葉，則出現「右側偏盲」，也就是右邊一半的視野看不見。

這些症狀，一般人不會警覺是中風，但可能會覺得怪怪的，卻說不出所以然，此時，最好及早就醫。

即使失智，不見得就是大腦退化或阿茲海默症

阿茲海默症只占所有失智症的六成，另外還有血管性失智症和其他的失智症，有些是可以治癒或改善的，因此，需要經過醫師的詳細評估，並且做必要的檢查。

一般而言，醫師會先評估病人的症狀，並排除失語症（例如陳先生的情況）、憂鬱症、焦慮或正常老化，並且做認知功能測試，以確定是否失智及其嚴重程度。

如果是失智症，再做實驗室檢查（如腦影像、腦波、各種血液檢查等），來診斷是何種疾病造成的失智症，並希望能找出可治療的失智症。

可治療的失智症，如腦膜炎、水腦症、良性腦瘤、自體免疫腦炎、硬腦膜下腔出血、甲狀腺功能降低等所導致。雖然占不到所有失智症的十%，但是對病人而言是很重要的。因此，**覺得記性不好時，不要自己揣測，認為只是人老了、腦子退化了，還是讓醫師評估、判斷為宜。**

以陳先生為例，由於陳太太觀察得仔細，且敘述清楚，提供了醫師所需要的線索，才能正確診斷，對症治療。

突然不會說話？要小心！

短期記憶嚴重減退，看「失智門診」或「記憶特別門診」

過年時，參加一場高爾夫球月例賽，大家互道新春快樂，有兩位球友卻眉頭深鎖。

第一位說，年初二時回娘家，她立刻孝敬八十八歲的母親一個紅包；才一轉身，母親卻不記得收了她的紅包。

接著全家到餐廳用餐，剛吃完牛排，正享用甜點時，母親卻問：「我們不是要吃牛排嗎？」令她驚愕不已，問我是怎麼回事。

我說，這是短期記憶嚴重減退，而且應該不是一兩天的事。

果然，朋友說她母親一年多來，經常忘東忘西、對事情一問再問，家人一直以為是年紀大的關係。我建議她帶母親去看失智或記憶特別門診，檢測是否有失智症，以及是何種疾病造成的失智症，以對症治療。

錯把「失語症」當作意識不清

另一位球友也說：「這個春節過得不太安穩。我母親中風住院，意識不清。醫師說是腦栓塞。」

意識不清！那一定很嚴重！我請她詳細描述。

她說：「初二那天，我們從臺北開車一路塞車，下午總算回到了嘉義的娘家。八十九歲的母親躺在床上，看到我和先生卻不若以往的歡喜，沒講話、面無表情、眼神散漫，好像很累的樣子。

「我雙手遞上紅包，母親卻沒伸手接。我先生還以為是我們回娘家晚了，母親不太高興。

「我扶她起來，她卻使不上力，說：『我的手腳怎麼都沒力？』需要兩個人攙扶著，才能勉強走到客廳。母親還看著左邊桌上的兩箱紅豆湯罐頭，對我說：『那個紅豆湯，有一箱要給你。』

「家人都認為母親是太累了，於是又攙扶她回房睡覺。第二天一早，卻發現母親很不對勁，雖然眼睛張開了，但是既起不了床、也說不出話，於是我們趕緊叫救護車。救護人員發現母親的右手、右腳無力，應該是中風，便立刻送醫，腦部電腦斷層顯示左腦栓塞。

「住院的第六天，主治醫師說母親已度過了急性腦中風可能造成腦水腫的危險期，再來就是復健和照顧。如果家中沒人手，可能要送到護理之家。可是我母親還意識不清呢！」

我問：「怎麼個意識不清？」

她回答：「每次不管我們問什麼，母親都回答『好』、『沒問題』、『這樣』，短短幾個字。最近兩天，字句長些，可以講出如『我要吃飯』、『我們去洗衣』、『醫生，謝謝』等，不過還是雞同鴨講。」

原來朋友是錯把「失語症」當作意識不清！

描述病情別自我判斷，以免誤導治療方向

其實朋友所描述的答非所問、文不對題，很可能是因為母親聽不懂她說什麼，又無法以言語表達，只能勉強擠出幾個字，且詞不達意。這是中風傷及左腦語言區的關係，並非神智不清。

所以**在敘述病情時，只要平實地說出所觀察的或所經歷的症狀和現象，而不要用自我判斷的醫學名詞來表達，才不會與醫師的看法有落差，甚至誤導診療方向。**

有任何問題或疑慮，都應直接請教主治醫師

回頭想及母親的病情，朋友有兩點疑慮。

「依照母親老一輩的想法，認為大年初一不能吃藥，才能保整年健康。家人說她有兩天沒服高血壓和心臟病的藥，是否因此才導致中風？

「我初二看到母親時，她是否已中風了，而我沒察覺？如果當時立刻送醫，醫師說在中風發作後三個小時之內可注射血栓溶解劑，母親的病況是否會更好？」

我鄭重地告訴朋友：

一、任何問題或疑慮，都應直接請教她母親的主治醫師。**「坦誠溝通」是醫病關係的基礎，旁人（包括我）的意見都只是善意的關心。**

二、兩天未服藥，不見得就是導致中風的原因。也許是巧合，因為其他因素如高齡、動脈硬化也可能有影響。而且長期服用的藥物，在血液中有一定的濃度，不會立刻下降。當然，**並不建議停藥，因為疾病是沒有假期的。**

三、她的母親很可能在初二時就已中風，但一般人很難察覺。倒是有個**快速評估是否腦中風的「FAST」口訣：「微笑、手舉高、說說話、搶時間」**（Face、Arm、Speech、Time）可以參考。例如長輩突然不會說話，就要小心。

四、接著就是積極復健，包括語言治療，並且避免出現感染、壓瘡（即褥瘡）和憂鬱症等併發症。**家屬的積極參與，如常與母親對話，同時加上使用手勢等肢體語言，多鼓勵她，會很有助益的。**

朋友聽了，應該較為釋然吧，因為她當天的球賽依然維持高水準，揮出漂亮的八十八桿。

「味覺」不見了，該看哪一科？

失去味覺可看：神經內科、牙科、耳鼻喉科和腸胃科

五個多月前，接到一位認識多年的球友來電。我們倆相當投緣，但平常各自忙碌，不常聯絡。

球友說：「我的味覺不見了，吃東西都沒有味道，已經兩個星期了，要看哪一科？」

我問了她幾個問題，確定這位一向健康的六十多歲球友沒有服用任何藥物或慢性病，於是回答：「**味覺受神經控制，先看神經內科，以確定**

沒有嚴重的神經病變。還可看牙科、耳鼻喉科和腸胃科，看看口腔、喉嚨或腸胃是否有問題。不過，有時不見得找得到原因。」

之後，球友未再與我聯絡，我也就忘了這件事。

直到兩個星期前參加一個到日本的高爾夫球旅行團，遇到了這位球友，見她明顯變得清瘦，才想起她的味覺問題。

原來是得了「乾燥症」

原來神經內科、牙科、耳鼻喉科和腸胃科，她都看了，做了許多檢查，卻都查不出原因。喪失了味覺，食而無味，讓她完全沒有食欲，情緒低落，體重在三個月內掉了四公斤。

但她還是打起精神來為家人做晚餐，憑著記憶，知道要放多少調味料。而且嗅覺不受影響，仍然可以聞到食物的氣味與瓦斯味。

後來，她有位朋友得了「乾燥症」，在風濕免疫過敏科接受治療。這位球友雖然不覺得口乾眼澀，但想到看了那麼多科都找不出原因，不妨試試。

沒想到醫師為她安排了許多檢查後，告訴她是罹患「乾燥症」，讓她服用治療乾燥症的藥物。結果效果不錯，一個月以來，她開始可以嚐到甜味，食欲逐漸恢復了，心情也跟著好轉。

「味覺障礙」，有時找不出原因

人的味覺有酸、甜、苦、鹹和鮮味（類似味精）。特別的是，辣並非味覺，而是一種痛覺，所以球友在喪失味覺時，仍然可以感受辣味。

「味覺障礙」包括味覺喪失、味覺減低、味覺錯置（味道不對）和味幻覺（口中沒食物，但覺得有味道）。根據美國二〇一二年的一項大規模調查，**約五%的人有味覺障礙，且老年人較多。**

雖然味覺障礙的情況不常見，也非致命疾病，但是會嚴重影響生活品質，有時也找不出原因。

食物入口後，需要唾液的拌合，才能讓味蕾感受到味道。人類有七千五百至一萬個味蕾，而每個味蕾約有一百個「味覺感受細胞」，其生命的半衰期是十天左右，不停地更新。「味覺感受細胞」不僅分布於舌頭表面，也存在於口腔、咽喉和食道中。

司管舌頭前三分之二味覺的是第七對腦神經（顏面神經）；舌頭後三分之一是第九對腦神經（咽喉神經）；而咽喉和食道則是第十對腦神經（迷走神經）。這三對腦神經在接收來自味覺感受器的訊息後，往上傳至腦幹的神經核→視丘→杏仁核→最後抵達大腦的島迴與額葉，我們才能感受到味覺。

在這段複雜的神經傳導過程中，任何一個環節出現問題，都可能導致味覺不正常。例如顏面神經麻痺者，可能會出現同側舌頭的味覺消失。神經退化性疾病如巴金森氏症等，也會有味覺減退情況，但是因疾病本身的症狀如手抖等較明顯，所以味覺變化常不被注意。

藥物、病變和其他疾病，也可能影響味覺

除了神經系統外，還有許多情況都可能會影響味覺。

一、藥物：很多藥物都會影響味覺，以抗癌藥物最為常見（在前作《愛上慢慢變老的自己》一書中，我寫了篇文章〈失掉的味覺令人回味〉，便談及自己曾因做化療而遍嘗各種味覺障礙）。而通常在停藥三至六個月後，味覺會自行恢復。

二、口腔和咽喉局部病變：如口腔衛生習慣不好，或唾液減少、咽喉胃酸逆流，或是做了局部放射線治療的影響等。

三、內科疾病：如糖尿病、甲狀腺功能過低、慢性肝炎或腎病，以及乾燥症等。乾燥症（修格蘭氏症候群）是一種自體免疫疾病，因唾液腺和淚腺分泌減少，而出現口乾、舌燥、眼澀等症狀，有時會出現疲勞或關節痛。由於味蕾需要唾液的潤滑與拌合食物，才能感受味覺，因此當唾液減少時，味覺會消失或降低。

打電話給我的這位球友並沒有出現乾燥症的常見症狀，而是以味覺喪

失來表現，比較特別。

因此當她說：「醫師花了三個月的時間才診斷出來，讓我好受苦。」

我回答說：**「換個角度想，這段期間，醫師替你排除了身體其他系統的疾病，最後做了正確診斷，而且有效地治療，可真是幸運。」**

愛打高爾夫，也會有運動傷害

銀髮族下背痛，因「退化」與「過度使用」

七十二歲的劉女士一向活躍，有健行、打高爾夫的運動習慣。四個多月前，她開始覺得走久了之後，尾椎熱熱的；但在休息後，症狀就消失。讓她想起老一輩常說的臺語諺語：「囡仔人尻川三斗火」，意思是小孩子不畏寒。難道她因為常運動，身體變得更好，返老還童？

但過了一陣子，走久了之後，開始出現間歇性跛行的現象：腰痠痛、尾椎熱感、兩腳底發麻，且一直往上延伸到大腿，麻得好像踏在棉花團上，站不穩，且無法繼續走路，必須坐下休息幾分鐘後，才能恢復。

神經內科醫師為她安排腰椎X光與磁振造影檢查，發現腰椎第三、四、五節明顯滑脫，且腰椎的黃韌帶肥厚，造成脊椎管狹窄，擠壓到脊神經根而發生症狀。

劉女士服用非類固醇消炎止痛劑，並做了三個月的復健，雖然狀況時好時壞，但整體而言，是持續變糟。

將近一個多月以來，她幾乎每走路六分鐘，就需要在路邊找椅子坐下休息，感覺好像「午夜十二點的鐘一敲，灰姑娘的馬車就會變回南瓜」一樣準時。由於嚴重影響了生活品質，因此她考慮動手術治療（手術情況可見本書第五十八頁〈好朋友有益健康〉一文）。

劉女士的下背部沒受過傷，不曾整脊，也很少搬移或舉重物，只是經常健行與打高爾夫球，為何會出現脊椎管狹窄的狀況？

有兩個主要因素：「退化」與「過度使用」。

年紀漸長，腰椎漸退化

銀髮族的下背痛很常見，其中約五・七至二十二・五%的人，有脊椎管狹窄狀況。

隨著年齡增長，腰椎「退化」，造成椎間盤高度減少、小面關節磨損、黃韌帶肥厚、纖維組織增生，再加上脊椎前後位移、滑脫，逐漸導致脊椎管狹窄。

過度使用，造成「急性」與「慢性」傷害

「過度使用」也是個重要因素。

劉女士三十年來，每一至兩週打一場高爾夫球，曾經有過一天打七十二洞（四場）的紀錄。

高爾夫球並非激烈運動，動作緩慢，活動量只算中等，不僅能增強體

力，有益心肺健康，且時走時打，處於藍天、綠地之中，身心放鬆，並兼顧社交聯誼，是一項很好的活動。

然而，它的動作從上桿、曲腕、下桿、揮桿和收桿，幾乎每個關節都要用到，腰椎的旋轉更是力道所在。職業高爾夫選手快速下桿時，腰椎所承受的力道甚至相當於體重的八倍之多。因此，難免會造成急性與慢性傷害。

小心運動傷害

一篇發表於《美國運動醫學》期刊的研究，追蹤澳洲的五百八十八位打高爾夫球者。其中，男性有四百七十三位，平均年齡五十八歲，球齡三十一年，每週打球一・七次。女性有一百一十五位，平均年齡六十歲，球齡二十一年，每週打球一・八次。

結果發現，在一年內，十五・八％有運動傷害，而以背部最為常見，其次是手肘與前臂、腳與腳踝、上臂與肩膀。

還有其他的醫學文獻報導，打高爾夫球者在一生中受傷的機率，為二十五％至六十七％。職業選手打的球更多、時間更長，受傷的機率更高。

高爾夫球的初學者常因對動作不熟悉，而用力不當或用力過猛。即使是老手，也難免因求好心切而受傷，如手腕、手肘、肩關節和髖關節疼痛、肌肉拉傷與紅腫等等，這些急性傷害經過休息、冰敷和服用消炎止痛劑後，都會恢復。

高爾夫球老手或職業選手由於經年累月做著重複的動作，常因過度使用而罹患頸、背、手等肌肉損傷或腰椎疾病。

例如二十歲出道的美國高爾夫球名將老虎伍茲，得獎無數，威震球壇多年，在二〇一九年還以四十四歲的年紀，第五次奪得美國名人賽冠軍。他就曾經因受傷，而經歷四次背部手術及多次膝關節手術。

除了急性與慢性運動傷害，在高爾夫球場還可能發生意外，如被正在揮桿的球友的球桿打傷、被後方來球或打歪的球所擊中等。輕則皮肉腫痛，重則眼瞎、頭部外傷。又如天雨路滑，導致摔跤而骨折；球車開得太快，以致在轉彎處翻車，甚至受到雷擊等。幸好，這些意外大多是可以小心地避免的。

根據年齡和體能，量力而「動」

每項運動都有它的好處與樂趣；反之，也可能會帶來傷害。不過，當然是好處多於傷害，人們才會樂此不疲。

比起其他的球類運動，高爾夫球相對溫和，可以從年輕打到老年，且男、女皆宜。只是**在享受之餘，要用對方法，且根據自己的年齡和體能，量力而為，並且當出現問題時，及時治療**，才能長長久久地享受運動之樂。

幸好，是帶狀疱疹

第七天，確診是「帶狀疱疹」

兩週前，七十三歲的陳女士覺得左腰麻麻鈍鈍的，接著開始疼痛，陳陳如針刺，非常難受。

半年多前，她才因右腰疼痛難忍，發現是右輸尿管癌，而接受右側腎臟和輸尿管全切除手術，只剩左腎。因此，她很擔心左側輸尿管是否也出了問題，或癌症轉移到了左邊。

症狀出現第三天了，由於陳女士的泌尿外科醫師剛好沒有門診，於是她掛了急診。因為她曾患輸尿管癌，急診醫師不敢輕忽，為她安排了超音波檢查，結果左腎與輸尿管並沒有問題，於是醫師開了止痛藥給她，但吃了藥之後，疼痛仍不減。

第七天，左下背長出了紅疹與水疱，朋友建議她看神經內科。一看之下，果然是「帶狀疱疹」。

這個案例，引出了有關「帶狀疱疹」的幾個要點：

● 雖然症狀完全出現後，容易診斷。但在皮疹尚未出現時，難以確診，因此後續的觀察很重要。

● 為什麼會得到帶狀疱疹？有哪些後遺症？需要服用抗病毒藥物嗎？疫苗的效果如何？

帶狀疱疹，年過五十較常見

大多數的人在小時候都得過水痘，此水痘病毒是永久藏在脊髓或腦神經的背根神經節，伺機待發。

當年紀漸長或身心疲累時，對此病毒的免疫力降低，病毒便乘機活化，從神經節↓沿著感覺神經↓往外傳至末梢神經，造成神經痛↓最後抵達**皮膚，出現紅疹、水疱或膿疱，而且通常只出現於單側，俗稱「皮蛇」。**

許多神經都有可能受到感染，但以胸、腰脊髓神經與三叉神經最為常見。根據被侵犯的神經所分配的身體部位，而出現胸痛、腹痛、背痛和三叉神經痛等症狀。

通常從疼痛到紅疹出現約五天，在這期間，很少人能忍得住疼痛而不就醫。但又因紅疹尚未出現，醫師無法確診，可能會以為是心絞痛、膽囊炎或腎臟病等，而安排一些事後回想是不需要的檢查。

帶狀疱疹並不少見，可發生於任何年齡，五十歲以後較為常見。如果活到八十五歲，約有五十%的機會罹患帶狀疱疹。

免疫不全疾病患者，罹患的機率為同年齡者的二十到一百倍。

最常見的後遺症：「帶狀皰疹後神經痛」

大部分的帶狀皰疹約在兩個星期後復元，但有少數會造成脊髓炎、腦炎和腦中風等後遺症。

其中最常見的是「帶狀皰疹後神經痛」，即在皰疹消失後，疼痛仍然持續，甚至加劇，時間可能長達三個月或數年，嚴重影響生活品質。患者需用某些抗癲癇藥物或抗憂鬱症藥物，來控制此神經痛。

年紀大的人，以及最初發作的皰疹範圍大、或疼痛程度嚴重者，較容易有皰疹後神經痛。

減輕疼痛，可考慮抗病毒藥

當皮疹出現後，若在七十二小時內服用抗病毒藥物，可以減少患者的疼痛程度，並縮小皮疹範圍。抗病毒藥一般是自費。但是當帶狀疱疹發生在頭、頸部等較危險的部位，或出現腦炎、脊髓炎等特殊情況時，健保會給付抗病毒藥物。

一般建議，**如果沒有特殊禁忌（如免疫不全等），六十歲以上者可自費打抗帶狀疱疹疫苗「伏帶疹」（Zostavax）**。這是一種活病毒減毒疫苗，約可減少五十至七十％的罹患率，以及六十六％的疱疹後神經痛機率，效果至少可維持五年。

為了更有效地對付帶狀疱疹，除了藥膏和藥效強的止痛劑之外，陳女士還請醫師讓她自費服用抗病毒藥。一週後，疼痛大為緩解，水疱漸結疤，大致復元了。

找到病因，對症下藥，讓陳女士鬆了一口氣。

六

持續學習新知

銀髮族也要有目標，
才會活得有意義、
有價值感。

「遠距醫療」的時代來了嗎？

預防群聚感染，「視訊」開會更普及

COVID-19疫情期間，有位朋友需要到大醫院回診。他的太太為了減少被感染的機率，開車送他到醫院後，卻不陪他進去診間，而是把車停在醫院外面，等他看完病後，再接他回家。

的確，防疫指揮官每天在新聞媒體上報告確診病例及感染來源，全民幾乎都成為病毒感染的流行病學專家，極力遠離病毒。

不僅民眾非必要不到大醫院，醫院也對就診與陪診者嚴格加以管控，如量體溫、填寫旅遊史等。因此，門診與住院的人數都明顯地減少，各項檢查的排程縮短，業績也跟著下降。

為了減少群聚感染，國、內外有許多醫學會都停辦、延期，或以線上會議的方式進行。例如我常參加的每週病例研討會，就可以選擇視訊或親自出席。我選擇透過視訊的方式與會。經由視訊軟體，不僅可以清晰地看到簡報內容與現場反應，自己也仍舊能參與討論，出席者的座位更達到了一・五公尺的社交距離要求。

那麼，我們能不能也經由「視訊」或其他「遠距醫療」設備（telemedicine）來看診？

什麼是「遠距醫療」？

「遠距醫療」可以是即時（real time）影像的雙向溝通。病人在家裡，透過電腦或手機螢幕，與醫師對答，這對病人來說非常方便，省時又省力，且可避免外出的感染風險。

另外，還可以電郵、或如LINE等通訊軟體傳達病情，及傳遞影像和檢查報告等，醫師看完後再回覆，也是一種遠距醫療，而且這已是許多醫界、醫病甚至親友之間，很普遍的諮詢或討論病情的方式。

其實，「即時遠距醫療」在臺灣行之有年，主要是用於離島、交通不便地區的緊急醫療事件，而且是醫療人員之間的對話、溝通與治療措施。

美國也早在十多年前，開始透過即時遠距醫療，指導醫師為急性腦栓塞中風病患施打血栓溶解劑。

「遠距醫療」的效果好嗎？

二〇二〇年一月三十日，世界衛生組織（WHO）宣布COVID-19為「國際公共衛生緊急事件」。

從那時迄今，世界各國的疫情皆吃緊。為了做到社交隔離，陸續有多篇「探討即時遠距醫療可行性」的論文應運而生。尤其這對慢性病與年長患者來說，是一項很好的變通方法。美國有不少健康保險也已將遠距醫療納入給付項目。

即使是一向強調神經檢查與醫病互動的神經內科，在國外，也出現了「遠距神經學」（tele-neurology）這一名詞。

神經學強調的是詳細問診與神經檢查，對於感覺等較細緻的檢查，無法在視訊中執行，但卻可以觀看病人的神情、動作與步態等，尤其可以透過對話問診。

美國神經學會於二〇二〇年四月推出了一部短片，示範如何透過即時遠距，進行神經學檢查。

同樣在二〇二〇年，《美國神經學》期刊刊登了美國神經學會的遠距工作小組，關於遠距醫療的一篇論文。文章的內容認為，偏頭痛、巴金森氏症、中風、癲癇、失智症等，透過視訊看診是可行的，而且效果不見得比實際看診差。

「即時遠距醫療」的挑戰

然而，即時遠距醫療對於病患與家屬雖然方便，對醫院卻是一大挑戰，需要考慮——

一、**設備及訓練**：儀器設備、人員配置與訓練，以及醫護人員的配合度和接受度，且恐怕會增加看診時間。

二、**軟、硬體**：協助病人端使用遠距醫療的軟、硬體，尤其是對於使用電腦或智慧型手機不熟悉的老年人。

三、**隱私及安全**：病歷資料、影像傳輸、用藥處方等資料的隱私權，以及相關的網路安全。

四、**看診費用的健保申報**：當距離和交通不再是患者選擇醫院的重要考慮因素時，醫師、患者和醫療體系，都將面臨與從前不一樣的挑戰。

醫療人員的辛苦和感染風險是有目共睹的，還得因應由疫情而生的各種措施，遠距醫療的可行性，只是其中之一。

現代醫療突飛猛進，不僅有新藥和新醫療技術的研發，還有各種輔助科技，例如電子病歷的普及、各式穿戴裝置的推陳出新、人工智慧的普遍應用，以及影像傳輸的科技等等。

最近聽到一位年輕醫師說，不曉得什麼是X光看片箱。我想到以前在診間，醫師把X光片插入看片箱，向病人解釋病變的日子，真的是只能回味了。

那麼，這次的COVID-19會不會是種催化劑，把尚在起步的即時遠距醫療變得普遍，甚至是一種常態？

無論世代如何變化，醫師醫病，也醫心

退休了，仍努力學習新知，與時代同行

我退休的這十四年，踏入了銀髮世界，除了好好過日子、照顧好身體，並持續寫《康健》雜誌與《聯合報》「元氣周報」的專欄，分享我的自在銀髮心得，且希望繼續作為醫病溝通的橋梁。

熱愛醫學的我，每星期都抱著期盼的心情，參加臺北榮總神經內科為時一個小時的病例討論會，聆聽住院醫師報告病例與最新文獻，從中獲

益良多，同時也深感醫學進展神速，必須謙虛且終生學習。既為病人有新的治療高興，更佩服年輕醫師的口才、簡報製作與精闢分析，與我當年不可同日而語。

醫學教育一向講究「傳承」，年輕醫師除了自我充實學問和學習醫療技術，主要是跟著主治醫師每天查房看病人，吸收資深醫師的臨床經驗。資格每年晉一級，從實習醫學生、畢業後一般醫學訓練（PGY）、住院醫師、總醫師、研究醫師，進階到主治醫師，從中研習臨床技巧和醫病溝通，直至出師，自成一家。**漫長的成長過程，除了累積經驗，也是在考驗個人韌性和承受壓力的能耐。**

更何況，**醫學知識日新月異，新的醫術不斷爆發，每五至十年就是一個醫療世代，如果不努力學習新知，就會跟不上時代。**

環境、工具、醫病關係改變了，新、舊醫師世代，面對的挑戰不同

我在一九七〇年代進入神經內科的領域。當時的診斷主要靠醫師對病情的了解，再根據對神經系統的學識，抽絲剝繭般地下診斷，找出病因。但當年可治療的疾病並不多，常是症狀治療或僅是追蹤病程，就如同十九世紀，美國愛德華・卓魯度醫師（Edward L. Trudeau）的名言：**「醫師偶爾能治癒疾病，時常減輕病人的痛苦，但總能寬慰病患。」**（To cure sometimes, to relieve often, to comfort always.）

後來的醫療影像（如電腦斷層、磁振造影和基因檢測等）研發，讓診斷更精確。神經內、外科的長足進步與神經放射線的介入治療，提供了許多疾病的更佳治療，例如符合條件的缺血性腦中風，可在發作的三個小時內，靜脈注射血栓溶解劑，有時甚至還可從大腦栓塞的血管內移除血栓。

而神經免疫學的進步和精準治療的崛起，更讓不少原本無法診斷或不

能治療的疾病有了轉機。例如自體免疫腦炎，經由血液或是腦脊髓液的抗體診斷，以類固醇、血漿置換術或免疫球蛋白治療，效果良好。

對於年輕醫師而言，以前只能向資深醫師學到的神經檢查技巧，或是認識各種不同的神經症狀（如舞蹈症等）不自主動作，現在則能經由網路或教學影片學習，師徒關係也就不若以前來得緊密了。但是，要學習的醫療新知與醫療技術愈來愈多，未來可能還要與人工智慧（ＡＩ）競爭，並要跟上各種疾病日新月異的臨床指引，時間往往不夠用。病人的所有資料都上網，花在電腦上的時間愈來愈多。

另一方面，民眾經由媒體或網路獲得大量的醫學常識，且認為醫師手上的武器愈來愈多，對醫師的要求也愈來愈高，再加上醫學倫理、醫學經濟與醫學法律等的發展，醫病關係也在改變中。

新、舊世代要互相體諒

最近，聽說本科的廖醫師即將屆齡退休，我嚇了一跳。他還這麼年輕，怎麼可能有六十五歲？陸續還會有其他醫師跟進，他們都是當年我當主治醫師時，帶領的優秀住院醫師。時間過得真快！廖醫師的兒子現在也是住院醫師，原來我早已是祖字輩的醫師了。

時代變遷，醫療環境不同，新、舊世代需要互相體諒。資深醫師如我，既羨慕年輕醫師的成就，同時又心疼他們要面對的未知挑戰愈來愈多。

我告訴自己，不要以過去的標準來衡量年輕醫師，也不再感嘆年輕醫師不多花點時間詢問病情、或做詳細的身體與神經檢查，而只是盯著電腦上的資料與影像。同時，也希望年輕醫師不以當前的醫療水準來衡量過去的診療結果，並了解資深醫師心存關懷，也想精進，只是學習得慢一點，甚至還會在討論會上問些有點淺顯的問題。

儘管世代差異，但**不變的是——醫師都希望不僅是治療疾病，同時也能夠撫慰病人與家屬的心。**

從人生看大腦，有無限可能

三十四年行醫經驗的體會

四十八年前，我從臺北醫學院畢業，到臺北榮民總醫院擔任住院醫師，之後一頭栽入了神經內科領域，對失智症尤其投入，在行醫三十四年後退休。

會選擇神經內科，是因為在當時，神經內科是冷門科，競爭對手少，且科內的醫師友善、好相處。

不過，最主要是因為我沒有其他的專長，只會念書。我心想：「大腦如此神祕，神經線如此複雜，神經解剖難念，神經內科的學問艱深。如果我都沒有搞懂，別人反正也不清楚；我若把它讀懂，就有可能把病人治好。」

那時，還沒有電腦斷層，只有X光、腦波和腦脊髓液等檢查。診斷幾乎都是靠神經內科醫師依據臨床症狀和神經解剖定位而下的判斷，猶如福爾摩斯抽絲剝繭地斷案。因此，神經內科醫師（俗稱「腦科醫師」）說一是一，很受尊敬。

後來，電腦斷層和磁振造影相繼出現，腦部是否長瘤、是腦出血還是腦缺血，一掃便知，使得神經內科醫師的知識突然變得透明。

接著，生物科技和神經基因學崛起，使得診斷更加精確，再加上新藥研發和手術精進，讓許多神經疾病得以治療。神經內科醫師的角色，逐漸由知識的專家轉為積極的急性治療，以及慢性病的長期照護。

當了大半輩子的神經內科醫師，五十九歲退休，我的人生體悟如下。

用進廢退，終身學習

功能性磁振造影的研究顯示，老年人若動用更多的腦細胞，記性可以與年輕人相同。可見**腦袋是愈用愈靈光**，要當個「超級腦力老人」並非不可能。

而且，多動腦，儲存「認知存款」，經得起提領，縱使將來罹患阿茲海默症也可以不失智，或能延緩症狀的發生。

大腦有「代償」作用

缺血性腦中風的恢復，並不是中風部位的腦神經細胞再生，主要是由旁邊、附近，甚至遠在對側大腦的神經細胞產生新的突觸，伸展出新的連結，以取代壞死神經細胞的功能。

這種神經網路的重組，就是腦的「可塑性」。

例如功能性磁振造影的研究顯示，左側大腦中風造成的失語症的復元，是因為右側大腦相對應區的「代償作用」，取代了左腦的語言功能。

連腦神經細胞的作用都可被其他的神經細胞取代，可見天下也沒有不可取代之人。

「安慰劑」不僅是心理作用

有一篇研究健康者疼痛的論文，以正子電腦斷層掃描測腦血流，發現安慰劑與類鴉片止痛劑，都能讓大腦的前喙扣帶皮質的血流增加；而且，這種血流增加的現象，都可被類鴉片的抑制劑所防止。

這表示安慰劑可能讓大腦釋放出腦內啡，而有止痛效果。

可見安慰劑並不是完全沒有作用。**面對疾病，積極治療並擁抱希望，正向思考，相信自己是療效佳的幸運兒**，是有根據的。

如果生病，別問「為什麼是我？」，好好治療就是了

疾病除了受到先天基因和後天環境的影響，還有一些不明因素。以癌症為例，只有五至十%的癌症與基因遺傳有關。生活型態、環境中的各種致癌物，也會增加罹癌的危險性，但這些因子全部加總起來，頂多也只與五十%的癌症有關聯。

大部分的癌症，都找不到致癌的真正原因。

因此，當病人問我，自己為什麼會得到癌症時，我的回答常是，「你剛好抽籤抽到了。」

當然，我也有可能抽到。**醫藥與手術愈來愈進步，許多疾病都可治癒、控制或緩解，處在這個幸運的年代，好好治療就是了。**

先生緣，主人福

一位醫師剛讀過醫學期刊裡的邊緣葉腦炎。隔天看到剛住院的病人時，福至心靈地診斷出這種少見的邊緣葉腦炎。

有位六十歲的醫師，在看診時突然感到胸口不適，懷疑是心肌梗塞，請同事立刻把他送到心導管室。沒想到才與心導管室的醫師打過招呼，這位醫師立刻休克了，血壓降低，脈搏緩慢。經過一番急救，嚴重阻塞的心血管在第一時間內被打通，並且裝上兩個支架，恢復了健康。過了一個星期後，他繼續回醫院看診。

看對科別，遇到對的醫師，是病人的福氣。除了事先查詢，還需要一點運氣。

人生無常，把人生最重要的事放在首位

當看到年輕的生命因意外、中風或癌症喪生；三十多歲男士，因出

差時忘了帶降血壓藥而腦幹出血；以及六十歲的男士在洗澡時，因腦部小動脈瘤破裂而昏迷不醒……就會知道這些**「無常」也可能發生在自己身上。**

所以，我們要懂得好好生活，感恩、惜福。想做的事情，要趕快做。

從人生看大腦，有無限可能。

你有照著「醫囑」服藥嗎？

屬於「管制藥品」，不敢吃？

有位中年的公司主管朋友，一個星期以來，左下眼皮斷斷續續地跳個不停。雖然沒有嘴歪、眼斜或左臉痙攣的症狀，但令她頗為困擾。她想，很可能是因最近事務繁忙，焦慮、煩躁，又睡不好的關係。

她看了神經內科，醫師開給她五天的藥物「利福全」（clonazepam），每天睡前服用一顆。但她看了藥袋上有「管四」，即管制藥品第四級，而不敢服用。

我告訴她，第四級管制藥品是屬於輕度的「抗焦慮劑」或「鎮靜劑」等藥物，一般來說不會成癮。何況醫師只開了五天的藥量，她照醫囑安心服用就是。

後來，她的睡眠情況果然有了改善，眼皮也不跳了。

太多「副作用」，不敢吃？

另一位六十歲的朋友，罹患「帶狀疱疹後神經痛」。神經科醫師開了藥物「鎮頑癲」（gabapentin）讓她服用。

她看藥袋上寫著，這種藥有治療神經痛與癲癇的作用，但她想自己並沒有癲癇，而仿單上還有頭暈、嗜睡等四十多種副作用，於是她也不敢服用。

其實，許多藥物（如鎮頑癲）常具有不只一種藥理作用，可治療不同疾病。又如「普潘奈」（propranolol）可用於治療高血壓、狹心症、心搏過速、原發性手抖和預防偏頭痛等。

至於副作用，其實藥物都有副作用。治療神經和精神疾病的藥物，副作用特別多。各種副作用發生的機率不同，一般都不高、也不太嚴重，而且藥物一定是經過嚴謹地評估，確定其療效大於副作用才能上市。是否會發生副作用，是因人而異，只有服用了才知道。

所以**先不要因為擔心副作用而不敢服藥。而是要遵照醫囑的劑量，如果發生了副作用，再視副作用情況的輕重，考慮停藥或換藥。**

不遵從醫囑，會造成療效不佳

疾病有其療程，而用藥是一門學問。不遵從醫囑，常會造成治療效果不佳。學者曾推估，不遵從醫囑者約高達二十五%，慢性病患者如高血壓、糖尿病和憂鬱症等，比例可能更高。

不遵從醫囑的原因，可從醫療、醫師與病人，這三方面來探討。

一、醫療因素

如掛號難，醫療費用高，得服用的藥物有多項，且一天得吃許多次，次數多到記不起來。幸好，目前有許多長效藥品，只要一天服用一次就好。

二、醫師

由於病人多，醫師無法在短短的看診時間內，詳細地告知病人：此藥物有其他適應症，不要以為醫師開錯了藥；不要看了藥袋上列出的副作用，就不敢服用；藥物的副作用並不一定會發生；如果有副作用，要盡快回診……

三、病人

病人則因為怕耽誤醫師看診，而無法詳細地諮詢，或者心中有疑慮，卻怕得罪醫師而不敢問。

曾有位病人說，某位醫師開的其中一種藥，他都沒吃。那為什麼不請醫師不要再開這種藥呢？他說是怕醫師不高興，而不敢告訴醫師。不曉得有多少藥因此而浪費了？

有些病人的自主性高，會上網查疾病與藥物資料，而自有主張。醫學文獻報導，「不遵醫囑性」與「健康識能」（health literacy）之間，常呈U形關係。也就是說，健康識能適中的人，遵醫囑性較高；健康識能匱乏或較高的人，遵醫囑性反而較低。

可見良好的醫病溝通，非常重要。

其實，病人是否能確實做到醫囑，及治療是否成功，最後還是回歸到醫病的「互信」、「誠意」、「溝通」與「開放的心胸」。

網路流傳的醫療資訊，能信嗎？

網路消息，引起朋友恐慌

日前，六十多歲的好友傳來一則二〇一七年的網路消息：「不寧腿恐增加三十九%早逝風險」。

這位朋友在多年前被診斷患了「不寧腿症候群」（restless leg syndrome，簡稱RLS），服用「力必平」（ropinirole，一種多巴胺促效劑），控制良好。但是看了這則消息，她很緊張，問我該怎麼辦。

了解「不寧腿症候群」

約有二至五％的成年人有不寧腿症候群。這是一種很難受的感覺，像是痛、麻刺感，又像是有螞蟻在腿上爬。一定要把兩隻腳動一動，感覺才會消失。而且晚上比較嚴重，會影響睡眠。

「不寧腿症候群」是個臨床診斷，需要全部符合下列五個條件：

一、有一股無可抗拒的力量，會驅使患者非得要把腳動一動不可。

二、在休息或靜態時，症狀會變嚴重。

三、腳動一動，有助於症狀的緩解或消失。

四、夜晚的症狀較嚴重。

五、沒有腳腫、關節炎、肌肉痛或靜脈鬱滯等疾病。

這種疾病分為原發性和次發性，以沒有明顯病因的「原發性」較常見。次發性的原因，包括末期腎臟病、懷孕、缺鐵性貧血等，需對症治療，例如缺鐵性貧血者需補充鐵劑。

不寧腿症候群雖然會影響生活品質，但沒有生命危險，且以多巴胺促效劑控制症狀，效果良好。因此，醫師通常不認為、也不會告知病人，這種病會增加早逝的風險。

首先，檢視網路消息「來源」的可靠性

那麼，我要如何回應朋友呢？

首先，當然要看看這則網路消息的來源是否可靠。

這是來自臺灣一家嚴謹、有口碑的網誌，分享了一則不寧腿病例及檢測四招的文章，並引用哈佛醫學院團隊在權威醫學期刊發表的一項研究，顯示罹患不寧腿的患者和一般人相比，增加了三十九%的早逝機率。

我的第一個想法是，此研究中三十九%的早逝機率，可能是來自於有末期腎臟病等的次發性不寧腿症候群患者，所以死亡率較高。

於是，我從醫學網站找出了這篇來自哈佛醫學院，發表於二〇一三年

《神經學》期刊的論文。

其研究團隊在二〇〇二年，對於一萬八千四百二十五名、平均六十七歲、具有醫療專業的美國男士，以問卷調查是否有不寧腿症候群，並事先排除了腎臟衰竭、關節炎和糖尿病患者（所以並不包含次發性不寧腿症候群）。結果發現，其中六百九十人（三・七％）有不寧腿症候群。

追蹤八年後，共有兩千七百六十五人去世，其中一百七十一人有不寧腿症候群。經過統計分析，與沒有不寧腿症候群者相比，不寧腿症候群患者的死亡率高了三十九％。

接著，研究人員把心臟病、高血壓、睡眠時間、是否失眠等可能影響死亡率的因素，也列入統計分析，結論仍然不變。可見死亡率較高，並不是腎臟疾病、心臟病或失眠所引起，但也沒有合理的解釋或原因。

論文的作者強調，這份研究屬於「觀察性研究」，所顯示的相關性並不代表有因果關係，而且這項研究對象是受了高等教育的美國白人，不具有代表性。

二〇一八年的《神經學》期刊，同一個哈佛研究團隊又發表了一篇類似的研究。他們於二〇〇二年，追蹤五萬七千四百一十七名、平均年齡六十七歲的護理人員，其中有一千一百五十一人（二%）有不寧腿症候群。

追蹤十年後，有六千四百四十八人去世，其中包括一百六十四位不寧腿症候群患者。

經過統計分析，並且把慢性病、睡眠時間、打呼和藥物等因素也考慮在內後，發現兩者的死亡率並無差別。但是，不寧腿症候群患者死於心血管疾病的機率則高了四十三%。

同樣地，這個結果無法證明因果關係，也沒有合理的解釋。

我進而搜尋其他多篇相關的研究論文，在「不寧腿症候群是否增加死亡率」這一點上，並沒有一致的看法。

別自己亂猜，請教專科醫師最好

因此，我告訴朋友：

一、流行病學的研究結果，即使是嚴謹的大規模、前瞻性設計，也並不能代表或證實因果關係。而且，統計上的機率是針對群體而言，並不能直接應用於個人身上。

二、各家的研究結果，常是百花齊放，結論不一，甚至今是而昨非。因此，必須經過其他學者或研究團隊的一再證實、或經得起挑戰，並通過時間的考驗，才能被認可，也才能寫進教科書，或作為行醫準則。

三、醫學新訊息，我們知道就好，不必看得太嚴重或跟著起舞。有疑問時，要請教專科醫師。最主要的還是有病則就醫，平常維持健康的生活型態，以預防癌症和心血管疾病等十大死因。

從寫作開始，人生總要試一回

起初，是要寫文章給病人看

週日清晨到超商買報紙，付錢時，店員很客氣地說：「您家裡有小孩嗎？請他們幫您上網就可以看報，不用特地跑一趟喔。」

我笑說：「可是我喜歡手裡拿著報紙看啊，而且要以個人行動支持報紙。」沒說的是：「今天報紙會刊登我的文章，還要剪下來留存呢。」

我為什麼寫作？三十年前初提筆時，是為了「衛教」。

你怎麼看待老年，

它就怎麼回應你

由於門診的病人多，常無法詳談，即使自認說明得很清楚，病人好像也沒法在短時間內吸收。甚至我費盡口舌地規勸了，有些病人還是我行我素。

後來發現，我偶爾在報紙的醫藥版發表一些有關醫療的短文，透過白紙黑字，顯得更有說服力。病家不但會讀我的文章，而且還會照著做。

在報章雜誌投稿多了，能見度漸增。一九八九年，《中國時報》的主編請我不定期寫個字數五百字的小專欄，都是門診或病房常見的問題或迷思，如談腰椎穿刺的文章〈抽龍骨水，安全嗎？〉，信手拈來，得心應手。一九九八年，藝軒出版社替我把發表過的文章集結成冊，出版了第一本書《神經線上的奏鳴》。

之後，陸續於報章雜誌及天下文化生活健康網路專欄發表文章，在《康健》雜誌的專欄持續超過十年。

退休後，開始在《聯合報》的「元氣周報」寫專欄。文章內容從簡單的衛教，逐漸擴展為疾病介紹、症狀提醒、醫療新知、醫病關係，尤其著重在失智症和老化等議題。

如今，想做醫病之間的橋梁

近年來，身為銀髮族的自己和親人難免有生病就醫的時候，我的角色從醫師轉為病人或家屬，從不同的角度看醫病關係，自有不同的風景與感受。寫作目的也從單純的衛教，轉變成「我有話要說」或「想與你分享」，並期許自己作為醫病之間的橋梁。

每篇文章，幾乎都有個病例當引子以帶出重點。為尊重病人隱私，會變更病人的年齡或性別。如果要引用親朋好友的感觸或疑問時，也會把文章內容先讓他們過目，得其首肯才刊登。而且，為了確保詞能達意、內容不誤導讀者，也會請以前的同事協助過目修正。

第一次的新書分享會：《把時間留給自己》

很幸運地，一直都有出版社為我把發表的文章彙整，至今共出版了八本書（《你怎麼看待老年，它就怎麼回應你》是第九本），更感謝編輯把內容重新整合、分類、下小標、加強重點，讓內容更易於了解、吸收，尤其取了個響亮的書名以吸睛。

出版是事業，當然希望書能暢銷，舉辦新書分享會是方法之一，但我一向不願意，因為怕辦了分享會卻沒人到場。如果動用親朋好友前來助陣，我都已送書給他們了，他們當場還會買嗎？

不過，**人生總要試一回吧！**

於是，在臺北市閱讀寫作協會汪詠黛理事長的推動下，出版社為我的新書《把時間留給自己》辦了一場分享會。沒想到當晚，臺北市突然下起暴雨，閃電又打雷，有多處嚴重積水，導致不少人只能半途而返。

不過，這場分享會還是座無虛席，有好友穿著短褲、或甚至脫了鞋涉水前來，讓我感動萬分。上臺分享的來賓個個妙語如珠，現場笑聲連連，我也簽書簽個不停。

隔天在一個餐會場合上，有位朋友說：「你送我的新書很棒，我看完後，會借給我的媳婦看。」

我笑著說：「送你的書就好比是『試吃』，是要請你買書來送給媳婦和他人喔！」

有什麼兒時興趣，至今也仍伴著你呢？

六十年前，家裡開米店，常有人來推銷報紙。為了廣結善緣，家人輪流訂三大報（《聯合報》、《中國時報》與《中央日報》）和地方報紙。

當時讀小學三年級的我，每天放學回家，立刻攤開幾乎占了半個餐桌的報紙，趴在桌上，從副刊讀到社會新聞、方塊文章，最後才是國家大事。直至晚餐時間，母親要上菜了，我才收起報紙，並洗淨被紙墨沾黑的雙手。

當時只覺得愛情故事好好看、武俠連載很精采、社會新聞讀起來像言情小說，是我每天下課後最期待的事。看到喜愛的文章，會等到晚上大家都看過報紙後，把它剪下來，放入剪貼簿裡。

如今回想起來，原來小時候的閱報，不知不覺地打下了我日後寫作的基礎呢。

誌謝

我一路走來，處處逢貴人，尤其本書出版要感謝的人很多：

《康健》雜誌張曉卉總主筆的團隊、蔡菁華與劉好葶前、後兩位資深編輯，以及《聯合報》「元氣周報」王郁婷主編，多年來提供我文章發表的園地，並幫忙修改、潤飾。

我以前在臺北榮總的三位同事王培寧醫師、李佩詩和林幸慧小姐，修正我每一篇文章，以達到醫療訊息正確，且文詞達意，不誤導讀者。

近年來，受「臺北市閱讀寫作協會」汪詠黛創會理事長的指導，擴展我的寫作領域，並承蒙她與臺北榮總神經醫學中心王署君主任寫推薦序。

王署君主任及其神經內科團隊每星期四的病例討論會，是我寫作題材的重要來源，讓我與現代醫療不致太脫節。

還有，願意分享其生命故事且讓我寫入書中的摯友們。

當然，寶瓶文化出版社朱亞君社長的推動，丁慧瑋編輯的執行力，替本書重整、分類、修飾，注入活潑、切題的小標，本書才得以出版。我讀了歡喜，希望讀者們也都喜歡。

【新書分享會】

《你怎麼看待老年，它就怎麼回應你
——預防失智，快樂的老後實踐》
劉秀枝醫師

2021／03／13（六）

◎時間／下午三點

◎地點／金石堂書店【信義店】

五樓・龍顏講堂

（106台北市大安區信義路二段196號5樓）

洽詢電話：(02)2749-4988

＊免費入場，座位有限

國家圖書館預行編目資料

你怎麼看待老年，它就怎麼回應你：預防失智，快樂的老後實踐／劉秀枝著. --初版. --臺北市：寶瓶文化事業股份有限公司, 2021.3,
面； 公分. --(Restart；019)
ISBN 978-986-406-219-5(平裝)
1.老年 2.生活指導 3.健康照護
544.8 110001541

Restart 019

你怎麼看待老年，它就怎麼回應你

——預防失智，快樂的老後實踐

作者／劉秀枝醫師
企劃編輯／丁慧瑋

發行人／張寶琴
社長兼總編輯／朱亞君
副總編輯／張純玲
資深編輯／丁慧瑋　編輯／林婕伃
美術主編／林慧雯
校對／丁慧瑋・陳佩伶・劉素芬・劉秀枝
營銷部主任／林歆婕　業務專員／林裕翔　企劃專員／李祉萱
財務主任／歐素琪
出版者／寶瓶文化事業股份有限公司
地址／台北市110信義區基隆路一段180號8樓
電話／(02)27494988　傳真／(02)27495072
郵政劃撥／19446403　寶瓶文化事業股份有限公司
印刷廠／世和印製企業有限公司
總經銷／大和書報圖書股份有限公司　電話／(02)89902588
地址／新北市五股工業區五工五路2號　傳真／(02)22997900
E-mail／aquarius@udngroup.com

著作完成日期／二〇二〇年十二月
初版一刷日期／二〇二一年三月四日
初版三刷日期／二〇二一年三月十五日
ISBN／978-986-406-219-5
定價／三三〇元

AQUARIUS 寶瓶文化事業

愛書人卡

感謝您熱心的為我們填寫，
對您的意見，我們會認真的加以參考，
希望寶瓶文化推出的每一本書，都能得到您的肯定與永遠的支持。

系列：Restart 019 **書名：你怎麼看待老年，它就怎麼回應你——預防失智，快樂的老後實踐**

1.姓名：＿＿＿＿＿＿＿＿ 性別：□男 □女

2.生日：＿＿年＿＿月＿＿日

3.教育程度：□大學以上 □大學 □專科 □高中、高職 □高中職以下

4.職業：＿＿＿＿＿＿＿

5.聯絡地址：＿＿＿＿＿＿＿＿＿＿＿＿＿＿＿＿＿＿＿＿＿

聯絡電話：＿＿＿＿＿＿＿＿ 手機：＿＿＿＿＿＿＿＿

6.E-mail信箱：＿＿＿＿＿＿＿＿＿＿＿＿＿＿

□同意 □不同意 免費獲得寶瓶文化叢書訊息

7.購買日期：＿＿ 年 ＿＿ 月 ＿＿日

8.您得知本書的管道：□報紙／雜誌 □電視／電台 □親友介紹 □逛書店 □網路 □傳單／海報 □廣告 □其他

9.您在哪裡買到本書：□書店，店名＿＿＿＿＿ □劃撥 □現場活動 □贈書

□網路購書，網站名稱：＿＿＿＿＿＿ □其他＿＿＿＿＿

10.對本書的建議：（請填代號 1.滿意 2.尚可 3.再改進，請提供意見）

內容：＿＿＿＿＿＿＿＿＿＿＿＿

封面：＿＿＿＿＿＿＿＿＿＿＿＿

編排：＿＿＿＿＿＿＿＿＿＿＿＿

其他：＿＿＿＿＿＿＿＿＿＿＿＿

綜合意見：＿＿＿＿＿＿＿＿＿＿＿＿＿＿＿＿＿＿＿＿＿＿＿＿＿＿＿

11.希望我們未來出版哪一類的書籍：＿＿＿＿＿＿＿＿＿＿＿＿＿＿＿＿

讓文字與書寫的聲音大鳴大放

寶瓶文化事業股份有限公司

（請沿此虛線剪下）

廣　告　回　函
北區郵政管理局登記
證北台字15345號
免貼郵票

寶瓶文化事業股份有限公司　收

110台北市信義區基隆路一段180號8樓

8F,180 KEELUNG RD.,SEC.1,

TAIPEI.(110)TAIWAN R.O.C.

（請沿虛線對折後寄回，或傳真至02-27495072。謝謝）